Gestión Del Tiempo

La guía autorizada sobre la gestión eficaz del tiempo dirigida a personas que se encuentran sin tiempo para leer detenidamente la literatura convencional sobre el tema

Ignacio Alcaraz

TABLA DE CONTENIDOS

Formas De Economizar 10 Minutos Diariamente 1

Mañana Dejaré De Procrastinar 7

Definition Of Time Management 17

Planificar Lo Inesperado 34

Implementación Del Principio De Pareto En Su Organización 49

Técnicas De Productividad 56

Las 10 Pautas Para Optimizar Tu Organización 59

Implementación De La Regla Del 80/20 En Su Organización 64

La Falta De Concentración 77

Administra Tu Tiempo De Forma Eficiente 98

La Técnica Del Enfoque Del "Queso Suizo" 105

El Valor De La Asignación De Responsabilidades_____
.... 112

Formas De Economizar 10 Minutos Diariamente

¡Sí, hay muchas más formas de ahorrar tiempo y ganar tiempo extra para hacer lo que le gusta!

Este libro busca enseñar cómo ahorrar tiempo y destacar su importancia y utilidad. Luego, puede aplicar esos principios por sí mismo para obtener los resultados deseados.

Ahora veamos algunas estrategias adicionales para ahorrar más tiempo...

1 Formar Equipo

Si hay exceso de tiempo en un trabajo y alguien más lo hace, ¿por qué no compartirlo? Haz que tu amigo compre cada dos semanas para ambos y haz lo mismo tú. Es más rápido añadir artículos al carrito si ya está fuera en comparación con ir de compras dos veces.

2 Hacer compras en línea

Sin embargo, para ser imparciales, la forma óptima de economizar tiempo es realizar tus compras habituales en línea. Descubra la cantidad de artículos que puede obtener con un pedido recurrente y el tiempo que puede ahorrar.

3 Consume la Misma Comida en el Almuerzo y Desayuno

Los desayunos y almuerzos son comidas prácticas, aunque es divertido tener cenas diferentes y emocionantes cada noche. Ahorra tiempo y reduce la fatiga de decisiones estableciendo comidas para estos momentos. También simplifica las compras y la gestión dietética.

4 Crea tu propio temporizador

Frecuentemente, empezamos despacio por las mañanas para lavarnos y salir de la casa. Un método sencillo para aumentar la velocidad es usar un cronómetro y tratar de superar tus registros anteriores al realizar estas tareas.

Revise el correo electrónico en horas fijas durante el día.

Si revisa su correo todo el día, responderá los mensajes de manera receptiva. Sé proactivo y evita mirar tu correo hasta la hora establecida.

6 Haga Listas

Las listas proporcionan un conjunto definido de tareas / objetivos para un período de tiempo específico, lo cual ahorra tiempo.
Purchase in bulk.

Otro consejo para compras: ¡compra a granel! Reduce viajes y búsquedas de baterías.

8 Involucre a sus hijos en las tareas del hogar.

¡Hemos hablado antes sobre la subcontratación y sus hijos son las personas indicadas para hacerlo en casa! Pídale que barra el frente, lave el auto y más a cambio de dinero fácil. ¿No tienes hijos? ¡Emplee a las personas que viven cerca!

Asegúrese de que su equipo sea veloz.

Nos demoramos demasiado esperando que nuestras laptops se enciendan y abran los programas. Reemplace su computadora portátil por una más rápida (con disco duro SSD) o vacíe la anterior.

10 Wake up 10 minutes earlier

Y después, acuéstate en diez minutos. Prometo que aprovechará mejor esos 10 minutos por la mañana que los 10 minutos que tuvo por la noche.

Mañana Dejaré De Procrastinar

La postergación arruina los horarios. Es común posponer las cosas, especialmente si te causa miedo, como escribir un trabajo trimestral. Sin embargo, en la universidad, esto se convierte en un problema real. Postergar tareas o estudio para exámenes solo te perjudica. La procrastinación genera estrés y ansiedad, además de afectar el rendimiento. Puedes prevenir que la procrastinación perjudique tu trabajo escolar.

Comenzar a trabajar puede resultar complicado. No iniciar a menudo se debe más al temor de obtener malos resultados o críticas negativas que a la complejidad del trabajo. Desglose las tareas en pasos más pequeños y acepte que solo necesita 10 minutos para comenzar. Con frecuencia, en 10 minutos estarás listo para seguir siendo productivo.

A veces careces de motivación para hacer tus tareas escolares. Probablemente te sirva notar que la motivación no es necesaria antes de actuar para muchas personas... "Es un resultado idéntico. Prueba trabajar por poco tiempo y verifica si puedes meterte en ello".

Si tu falta de motivación parece ser un problema, puede ser útil reconocer que cuando no estás motivado para hacer el trabajo escolar, en realidad no estás sin motivación... simplemente tienes motivación para realizar algo distinto.

Haz un horario. Utiliza planificadores diarios para establecer horarios específicos para completar las tareas. En este libro, existe un capítulo entero dedicado a este tema. Tu agenda debe estar accesible y ser consultada frecuentemente. Sigue tu horario después de hacerlo. Colabora con alguien cercano para encontrar inspiración juntos. Mantén en mente que una vez terminado el trabajo, dispondrás de más tiempo para ti. Así que, sigue el horario.

Crea dos listas: "Actividades que disfruto" y "Actividades obligatorias". Combinar y alternar las actividades de ambas listas en diferentes intervalos. Alternar entre diversión y trabajo mantiene motivación e interés. Trabajar sin diversión también es otro de los.

problemas de la agenda.

No es necesario que trabajes sin parar, pero sí tienes que terminar las tareas.

A veces, los proyectos grandes pueden ser abrumadores. Es una reacción normal. Posponlo cuando te sientas así y te cueste imaginar la tarea terminada. Fragmenta estas tareas principales y enfócate en una porción cada vez.

Posteriormente, combínelas en el proyecto final y experimente la gratificación de un trabajo exitosamente realizado.

La procrastinación ocurre cuando hay una sobrecarga de tareas. Tal vez quieras hacer las cosas a tiempo, pero el tiempo puede volar. El día consta de sólo 24 horas. Analiza cuidadosamente tus deberes y compromisos. Verifica que tu horario sea realista y no tengas demasiadas actividades simultáneas. Si te distraes mucho, tus proyectos no recibirán atención suficiente.

Algunos individuos tienen habilidad para resumir ideas principales. Otros escriben excepcionalmente bien. Algunas personas son compatibles laboralmente. Descubre tus habilidades destacadas. Entonces, agrégalos a todas tus acciones. Mejorará tu confianza y motivación para enfrentar un trabajo desagradable.

Recompense adecuadamente por cumplir los plazos. Ajusta la recompensa según la dificultad y aburrimiento de la tarea.

No estás solo, recuérdalo. Hasta el 40% de los estudiantes universitarios experimentan la procrastinación como un problema. Many students tend to overcrowd their practices. En resumen, procrastinar y no utilizar los recursos de estudio correctamente. Hacer esto solo aumenta el estrés en su vida ya estresada. ¿Por qué añadirlo?

¿Por qué procrastinamos en nuestras metas y objetivos? La procrastinación surge como una forma de evadir actividades estresantes. Las personas dedican más tiempo a tareas fáciles que a tareas difíciles. Enfrentar el estrés subyacente de las actividades puede reducir la procrastinación. Hablaremos sobre la gestión del estrés más tarde.

Aquí tienes una aplicación útil. Para manejar mejor tu volumen de trabajo, prueba hacer una lista de un solo elemento: toma el primer elemento de tu lista y trabaja exclusivamente en él hasta terminarlo, luego continúa con el siguiente.

La procrastinación debe ser superada gradualmente. El acto de estudiar, al igual que el acto de beber, a menudo implica hacerlo en grandes cantidades de una sola vez. Pocas personas tienen dificultades para estudiar (ligeramente) la víspera de un importante examen. Sin la evaluación de un examen, a muchos estudiantes les resulta sencillo dejar de estudiar.

Divide los proyectos grandes en tareas más pequeñas y comienza trabajando en ellas, engañándote a ti mismo diciendo que solo trabajarás cinco minutos, pero luego descubrirás que no te importa seguir trabajando más allá de esos cinco minutos. A esto se le denomina el "plan de cinco minutos".

El procrastinador debe adquirir el hábito de comenzar las tareas con suficiente anticipación. Repetir el comienzo del estudio varias veces diariamente. El secreto está en controlar y convertir en rutina el inicio, al igual que con el ejercicio.

Algunas ideas útiles son:

Identificar los problemas autodestructivos, tales como miedo, ansiedad, falta de concentración, mala gestión del tiempo, indecisión y perfeccionismo.

Considera tus metas y reconoce tus fortalezas, debilidades, valores y prioridades.

- Evalúa tus acciones conforme a tus valores. Tus acciones reflejan tus valores?
- Aprende a gestionar tu tiempo de forma eficiente.

Establezca prioridades.

• Divida el estudio en bloques cortos en lugar de periodos largos. Estudiar/trabajar en bloques de 60 minutos con descansos de 10 minutos es más eficiente que estudiar/trabajar durante 2-3 horas seguidas sin pausas. Premie-se após concluir uma tarefa.

• Encourage yourself to study: Focus on success, not failure. Prueba el estudio en grupos reducidos. Descomponer las tareas grandes en tareas pequeñas. Ten un calendario de recordatorios y una lista de control.

• Fije metas alcanzables.

"Cambie su entorno: Reduzca o elimine el ruido/distracción". Garantizar una iluminación adecuada. Mantenga el equipo listo. No malgastes tiempo en idas y venidas. No te acomodes mucho al estudiar. Un escritorio y una silla son la opción adecuada (no estudiar en una cama). Sé ordenado. Toma un momento para organizar tu escritorio. Esto puede disminuir la ensoñación.

Decide que es momento de cambiar y que ya ha tenido suficiente.

Limita el tiempo dedicado a las actividades de procrastinación, como el correo electrónico o la televisión.

• Fija metas diarias específicas (por ejemplo, completar ejercicios de química, leer POL, asistir al recital de un amigo) y alcanza dichos objetivos. Después, al finalizar, puedes hacer lo que desees.

• Desglose los proyectos grandes en segmentos más pequeños.

• Procrastinación = estrés académico.

• No olvides lo terrible que es quedarse despierto toda la noche para completar un trabajo. Eso te puede ayudar para iniciar el siguiente.

"A veces, discutir las estrategias de cambio con alguien puede hacer que sea más fácil superar la procrastinación".

El estudiante universitario puede enfrentar mucho estrés al tratar de equilibrar las clases, tareas, trabajo y diversión. Es comprensible estar estresado con tantas cosas. Tus compañeros también pueden sentirse descontrolados. A continuación, examinaremos el estrés, sus orígenes y cómo disminuirlo.

Definition Of Time Management.

La administración del tiempo se refiere a la disciplina de planificar y organizar la asignación del tiempo destinada a una actividad, con el objetivo de aumentar la productividad y eficiencia. El manejo eficiente del tiempo involucra el control consciente de los recursos temporales con el fin de facilitar la ejecución de tareas de manera más sencilla y eficiente, en un periodo de tiempo reducido. La falta de gestión del tiempo conllevaría un incremento en la presión relacionada con las tareas o proyectos, lo que perjudicaría la eficiencia y desencadenaría situaciones de estrés.

La administración del tiempo es un tema que se aborda frecuentemente en el contexto del trabajo y las empresas, sin embargo, engloba igualmente otras actividades de carácter personal. El sistema de gestión del tiempo se compone de una amalgama de instrumentos, enfoques, metodologías y procedimientos destinados a ejercer control sobre las actividades en un marco temporal definido. Generalmente, resulta imperativo que la culminación del desarrollo del proyecto se sustente en los aspectos temporales y de alcance. Fundamentalmente, el objetivo de la gestión del tiempo radica en posibilitar que las individuos puedan llevar a cabo un mayor número de tareas de mayor calidad en un lapso temporal reducido.

Ventajas de la administración del tiempo
La administración del tiempo resulta fundamental, puesto que abarca diversos ámbitos como el académico, laboral, familiar, personal, social, entre otros. Además, constituye una habilidad invaluable para adquirir, puesto que es el fundamento imprescindible para

alcanzar una trayectoria profesional exitosa.

La efectiva administración del tiempo desplaza el enfoque de las actividades presentes hacia los resultados, puesto que favorece la ejecución de operaciones de manera más eficiente y ágil. Utilizar el tiempo de manera eficaz brinda la posibilidad de gestionar las actividades de forma personal y conveniente.

Existen múltiples ventajas en la gestión eficiente del tiempo, las cuales se detallan a continuación:

Una disminución en el nivel de estrés se puede lograr al gestionar adecuadamente el tiempo. Menos sorpresas. Menos plazos ajustados. Una disminución en la prisa de una tarea a otra y de un lugar a otro.

Realice una mayor cantidad de tareas: indudablemente, la eficiencia es un objetivo primordial en la gestión del tiempo. Una vez que se encuentra debidamente informado sobre las tareas que requiere realizar, es capaz de gestionar de manera más eficiente su carga laboral. Será capaz de llevar a cabo una mayor cantidad de tareas de manera más eficiente, en menos tiempo.

Reducción del trabajo adicional: La organización conlleva una disminución del trabajo adicional y los errores. Los objetos descuidados, los pormenores y las directrices generan una carga adicional de trabajo. Con qué regularidad debes repetir una tarea? ¿O llevar a cabo un desplazamiento adicional debido a la omisión de algún objeto?

Una disminución en los contratiempos y conflictos - ¿Con qué frecuencia originas tus propios obstáculos? Tanto si se trata de una cita irrespetada como si se trata de una fecha límite incumplida, la falta de gestión del tiempo conduce a un incremento de los conflictos en la vida.

Evita causarte dificultades innecesarias al organizar y anticiparte a los acontecimientos de tu jornada.

Mayor disponibilidad de tiempo: si bien no es posible crear más tiempo, se puede optimizar su uso a través de una administración eficiente del mismo. Incluso mediante la adopción de medidas sencillas, como ajustar sus planes de viaje o comenzar su jornada laboral temprano, puede lograr un mayor tiempo de disfrute en su vida.

Reducción del tiempo improductivo: al tener claridad sobre las tareas a realizar, se minimiza la pérdida de tiempo en actividades sin valor agregado. En lugar de plantearse cuáles serían sus próximos pasos, es posible adelantarse a su trabajo tomando medidas previas.

Mayores posibilidades: mantenerse informado acerca de su tiempo y trabajo genera una mayor cantidad de oportunidades. La persona que se levanta temprano siempre cuenta con mayores oportunidades. Adicionalmente, aquellos que se encuentran preparados tienen la fortuna de su lado.

Optimiza tu reputación: la forma en que gestionas el tiempo será determinante para tu imagen. Tanto en el ámbito laboral como en el personal, serás reconocido por tu reputación de confiabilidad. No se levantarán dudas acerca de su compromiso de presentarse, llevar a cabo lo que ha prometido o cumplir con dicho plazo.

Reducción del esfuerzo: un equívoco frecuente es que la gestión del tiempo implica una carga adicional. En contraste, la apropiada administración del tiempo conlleva a una mayor facilidad en tu vida. Los asuntos demandan un menor grado de esfuerzo, ya sea la tarea de preparación para el viaje o la finalización del proyecto.

Mayor atención a las tareas prioritarias: gestionar adecuadamente el tiempo supone destinarlo a las actividades que generan un impacto significativo. El manejo del tiempo le capacita para asignar su atención a las actividades de mayor interés personal.

Aumento de la creatividad, eficacia y rendimiento

Se da prioridad a la ejecución de los objetivos o tareas de mayor relevancia.

El Timebox respalda la premisa de que la búsqueda de la perfección puede obstaculizar el progreso. Dado que existe una tendencia a ocupar todo el tiempo disponible para conseguir un objetivo, sean 2 días o una semana (ley de Parkinson), con un timebox las personas trabajan más enfocadas y de manera más eficiente, al existir una fecha límite a corto plazo para entregar un resultado. De manera similar, el uso del timebox contribuye a la eliminación de procesos, tareas y elementos no esenciales. La creatividad y la capacidad de toma de decisiones se potencian con el objetivo de garantizar la finalización de las tareas dentro del plazo establecido. Evite posponer las tareas hasta el último momento.

Aprendizaje

El Timebox facilita la adquisición de conocimiento sobre la duración requerida para completar una tarea.

Upon the completion of the timebox, it is opportune to gather feedback on the work accomplished (such as through showcasing the completed requirements in an iteration): are the achieved objectives sufficient, do they meet expectations, or is it necessary to embark on a new timebox to delve deeper or pursue new objectives?

Beneficios adicionales

Además de otras destacadas ventajas, el timeboxing contribuye de manera significativa al mejoramiento del rendimiento global de las actividades o proyectos. Esta técnica resulta especialmente valiosa cuando se pretende evitar la pérdida de tiempo en las pausas rutinarias de la oficina, ya que:

• Mejora la eficiencia en la gestión del tiempo para actividades generales (el timeboxing impide que se prolongue una reunión de 15 minutos durante una hora)

• Facilita el control de las iteraciones al centrarse en el avance de la evaluación comparativa y detallar aspectos técnicos.

• Facilita la resolución de inconvenientes al asignar plazos definidos (timeboxes) para tareas específicas cuando se enfrenta a un problema en particular. • Contribuye a enfrentar la situación al establecer períodos de tiempo asignados (timeboxes) para abordar de manera específica un problema en particular. •

Colabora en la solución de inconvenientes al delimitar intervalos de tiempo definidos (timeboxes) para dedicar a una tarea en particular cuando se presenta un problema específico.

• Se evita la pérdida de tiempo asociada con el enfoque de "prueba y error" ya que, al encontrarse dentro de la zona de timebox, no existe la posibilidad de dedicar un período de tiempo indefinido a examinar la pantalla.

Claramente, el timeboxing se erige como uno de los enfoques más efectivos para optimizar el aprovechamiento de cada instante, dado su destacado potencial para contrarrestar las interrupciones digitales y focalizarse en la labor profunda.

En primer lugar, la técnica del timeboxing incorporada en un calendario permite la ubicación relativa de las tareas. If you are aware that a promotional video should be published on a Tuesday and the production team requires 72 hours to work on its copy edits, then you are aware of when to allocate the timebox.

En realidad, posee conocimiento sobre la ubicación adecuada del timebox, dado que resulta visual, intuitivo y evidente. Es posible que dedicar un gran esfuerzo y poner todo nuestro empeño no siempre sea suficiente; en cambio, optar por realizar las acciones adecuadas en el momento oportuno representa una solución más favorable para todas las partes involucradas.

En segundo término, la ejecución de actividades y ejercicios le brinda la oportunidad de establecer una comunicación y colaboración más eficaz. En el caso de que todas las tareas críticas, e incluso todas las tareas, estén registradas en su calendario, sus colegas tendrán la posibilidad de visualizar dichas actividades. De este modo, es más probable que organice su trabajo teniendo en cuenta los horarios de los demás (tal como se menciona en el párrafo anterior), lo que permite que terceros confirmen la compatibilidad de su horario de trabajo con el suyo. Currently, shared calendars with accompanying privacy options have become the industry standard in the corporate world, with Microsoft and Google leading the way.

En tercer lugar, proporciona un detallado registro de las acciones que se han llevado a cabo. Quizás se aproxima al término de una semana sofocante y no está seguro ni siquiera de lo que sucedió. Está en su calendario?. Próximamente se llevará a cabo una evaluación del rendimiento: ¿cuáles han sido los éxitos y desafíos experimentados en los últimos seis meses? Está en su calendario?. Alternativamente, si así lo prefiere, está interesado en dedicar una hora para planificar los eventos y responsabilidades de la semana próxima, y desea obtener información acerca de lo que se vislumbra en el futuro cercano. Está en su calendario?. Por favor, asegúrese de contar con su propia versión personal de estos datos, que no esté restringida únicamente a la empleadora, o podría haber consecuencias en su itinerario eventualmente.

En cuarto lugar, experimentará una sensación de mayor dominio y control. Esto reviste particular importancia, dado que el dominio sobre las propias decisiones y acciones (también referido como volición, autonomía, entre otros términos) puede ser el factor primordial que impulse la satisfacción laboral. La frecuente interrupción de las actividades conlleva a una disminución de nuestro bienestar emocional y afecta negativamente nuestra capacidad de ser productivos. La aplicación del método de Timeboxing se presenta como la solución idónea para ponerle fin a esta situación. Tiene el poder de tomar decisiones sobre cómo y cuándo realizar las tareas, evitando cualquier distracción durante el tiempo designado y llevándolas a cabo.

Repetir. La constante supervisión y la capacidad comprobada de logro resultan sumamente gratificantes, e incluso adictivas. No solamente se refiere a la efectividad laboral (principalmente a nivel externo), sino que también hace hincapié en la intención (a nivel interno, instintivo) y en nuestro bienestar emocional.

En quinto lugar, experimentará un incremento significativo en su productividad. La ley de Parkinson postula que el trabajo se expande hasta ocupar todo el tiempo disponible para su finalización. Si bien no es propiamente una norma (sino más bien una observación irónica), la mayoría de nosotros estaría de acuerdo en que esto tiene cierta veracidad (particularmente en lo que respecta a las reuniones). Un derivado de esta observación en la práctica radica en el hecho de que frecuentemente invertimos un excesivo tiempo en una tarea, influenciados por la disponibilidad temporal (circunstancial) en lugar de la duración real necesaria para completar el trabajo (objetiva).

expresó de manera distante que el trabajo se

La adhesión rigurosa al método del Timeboxing nos otorga la posibilidad de liberarnos del principio de Parkinson al establecer límites de tiempo con sentido y limitados para llevar a cabo una tarea y cumplir con ella. Aunque resulta complicado determinar con exactitud los beneficios precisos de cualquier estrategia de gestión del tiempo o medidas de productividad, su magnitud es definitivamente considerable.

Le solicito que revisite el siguiente ejemplo convencional: ¿acostumbra emplear regularmente dos horas (frecuentemente en múltiples sesiones prolongadas) para finalizar una tarea que podría haberse ejecutado eficientemente en una sola hora, de manera centrada y dentro de un marco específico de tiempo? En caso afirmativo, es plausible que su nivel de productividad personal se incremente sustancialmente, llegando incluso a duplicarse.

Existen numerosas ventajas, de diversa índole y con un gran impacto, asociadas al uso del timeboxing en el calendario. La práctica conduce a la mejora del bienestar emocional (control), el incremento de los logros individuales (productividad personal) y el fortalecimiento de la eficacia de los equipos en los que colaboramos (colaboración optimizada). Esta destreza o competencia puede considerarse como de máxima relevancia para su desarrollo como profesional en el mundo actual, dado que le otorga un amplio margen temporal para alcanzar cualquier otro objetivo. Además, se implementa de manera gratuita y sin ningún cargo adicional. Asigne un periodo de tiempo para llevar a cabo la implementación de una versión adaptada a sus necesidades.

Planificar Lo Inesperado

La optimización del tiempo implica más que simplemente hacer uso efectivo del tiempo en el presente y en el futuro. También implica la adopción de medidas de planificación con el fin de evitar estar pasivamente a la espera de alguien. Además implica garantizar que una situación de emergencia no absorba completamente tus recursos temporales y energéticos.

La existencia tiene la tendencia a producir sorpresas inesperadas, sin importar cuán preparado y meticuloso puedas ser, y siempre existe la posibilidad de que hayas pasado por alto al menos un aspecto fundamental.

Administración del tiempo y planificación para situaciones de emergencia.

En situaciones como esta, resulta fundamental confiar en sus estrategias de contingencia y evaluar su efectividad en la práctica, tal como se había anticipado. Es necesario que los planes de contingencia sean breves y con la capacidad de adaptarse y flexibilizarse para considerar situaciones imprevistas.

Ante la presencia del virus del Covid-19 en los medios de comunicación y la posibilidad de un brote generalizado, es pertinente aprovechar este momento para realizar o actualizar dichos planes; no obstante, también resulta crucial tener en cuenta otras catástrofes a las que pudiera enfrentarse.

Excepto en el caso de que su empresa sea una entidad unipersonal, es fundamental garantizar que pueda operar eficientemente sin su presencia, lo cual implica verificar su capacidad de funcionar con éxito incluso en su ausencia.

Sería recomendable que depositara confianza en sus planes con el fin de asegurar la continuidad de las tareas fundamentales. La principal prioridad radica en garantizar que los clientes no experimenten ningún perjuicio, ya que suelen exhibir una menor tolerancia.

Los planes de contingencia pueden adoptar numerosas modalidades, si bien suelen contemplar una flexibilidad constante: esto podría constituir una magnífica ocasión para fomentar la utilización eficiente de los activos y la administración del tiempo.

En caso de que usted o alguno de sus empleados clave no se encuentre disponible, ¿cómo se desenvolvería la operación de su empresa?

¿Cuál sería el impacto resultante en caso de perder el control absoluto de sus instalaciones?

¿Ha reflexionado sobre qué factores resultan indispensables para el funcionamiento de su empresa y ha explorado opciones de abastecimiento adicionales?

¿Está usted suficientemente preparado?

¿Existiría la posibilidad de que los empleados se encuentren desamparados y desperdicien su tiempo?

¿O los empleados sacarían provecho de su tiempo y desempeñarían sus tareas de manera ágil, eficiente y efectiva?

Y además, ¿serían abandonados por sus clientes?

No restringa sus estrategias de contingencia únicamente a la reacción ante la catástrofe, si bien esta debe ser su principal enfoque en este momento. Adicionalmente, resulta aconsejable estar previamente preparado para abordar la eventualidad de un incremento imprevisto en la actividad comercial.

La desgracia de otra persona puede presentar una posibilidad para ti, y sin importar tu disposición hacia el aprovechamiento de las desgracias ajenas, su situación puede ser de extrema gravedad o superar tus posibilidades de asistencia. En caso de no aprovechar la oportunidad, es altamente probable que otro individuo lo haga.

Un plan de contingencias exhaustivo y validado demuestra una gestión efectiva del tiempo. Podría incluso consistir en garantizar que se expriman al máximo dichas oportunidades, junto con sus competidores. ¿Está usted preparado?

Chapter 6: Sequential Guide to Preparation, Planning, and Time Management

Además de ejercer control sobre factores que pudieran dar lugar a una mala administración del tiempo, existen alternativas de gestión del tiempo más sencillas que podrías contemplar si deseas obtener mayor autonomía en tu rutina diaria.
Comienza por optimizar tu rutina matutina. Optimiza tus mañanas al

preparar con anticipación todo lo necesario desde la noche anterior.

Es recomendable que te sumerjas en un baño antes de acostarte con el propósito de facilitar una ducha temprana por la mañana. Al realizar esta acción, evitarás experimentar estrés al comenzar la jornada. En realidad, puedes disfrutar de un mayor tiempo de descanso, dado que solamente requerirás de unos breves minutos para ingresar y salir del cuarto de baño.

Organiza tu vestimenta con anticipación la noche previa. Particularmente para las mujeres, seleccionar una vestimenta adecuada para la jornada laboral puede implicar una considerable inversión de tiempo. Planificar la vestimenta para la parte superior, la parte inferior y los zapatos antes de ir a descansar resultará en una mayor facilidad en la mañana siguiente. No requerirás un lapso prolongado para localizar tu blusa preferida o revolver entre las prendas con el objetivo de encontrar esos pantalones en particular.

Le sugiero que prepare su bolsa la noche anterior. Por favor, asegúrate de preparar tu maletín antes de retirarte a descansar. Además de permitirte ganar tiempo por las mañanas, te garantizará que no omitas nada. Optimiza aún más tu tiempo colocando estratégicamente tus dispositivos móviles, llaves y billetera en proximidad a tu maletín. No requerirás invertir preciosos minutos buscándolos durante la mañana.

Haz un desayuno simple. A pesar de que se afirma que el desayuno es la comida de mayor importancia en el día, no es necesario que sea un festín excesivo. Le recomiendo seleccionar una opción alimenticia que combine nutrientes esenciales y que tenga una preparación sencilla. Un desayuno completo incluiría una selección de cereales, tostadas, huevos y frutas, acompañado de una bebida energizante como un vaso de jugo o una taza de café, para brindarle la vitalidad necesaria para comenzar el día. En caso de que desees preparar tu almuerzo para llevar, te sugiero hacerlo la noche previa. Procura encontrar actividades sencillas que te proporcionen plenitud. Un sándwich o una ensalada portátil extraíble de la nevera son alternativas excelentes.

Si debes hacer frente a alguna responsabilidad, procura no invertir demasiado tiempo atendiéndola. Asegúrese de finalizarlo de manera óptima teniendo en cuenta las recomendaciones siguientes.

Elabore un programa de actividades para las tareas que deben ser realizadas semanalmente o bisemanalmente. En función de las tareas a realizar, como el lavado de la ropa, la compra de alimentos o el pago de las facturas, se recomienda elegir un único día para realizar todas ellas de manera simultánea. Esto resultará en un significativo ahorro de tiempo, reducción considerable de gastos en combustible y disminución del esfuerzo implicado.

Elabore un registro de tareas pendientes y posteriormente ordénelas secuencialmente para llevarlas a cabo de manera consecutiva. En caso de que estas actividades impliquen conducir, comienza por aquellos lugares más alejados de tu residencia y progresivamente retorna a tus puntos de origen. El empleo de un mapa o una aplicación puede resultar sumamente beneficioso en esta situación.

Delega. En caso de contar con un acompañante, ya sea una pareja o un familiar, sería conveniente verificar cuyo calendario presenta mayor disponibilidad para encargarse de estas responsabilidades conjuntamente. En caso de que la lavandería se encuentre en las proximidades de la oficina de tu pareja, sería más conveniente que él o ella se responsabilice de ello al finalizar su jornada laboral.

Aprovecha las ventajas que brinda internet. En la actualidad, se encuentran disponibles en línea numerosos servicios, como el abastecimiento de alimentos, por mencionar un ejemplo. Si estas plataformas son capaces de atender tu necesidad, entonces no dudes en atenderla mediante el uso de medios digitales. De este modo, disfrutarás de un mayor tiempo de ocio.

Una vez llegado el fin de semana, obtendrás la oportunidad de deleitarte con un merecido descanso y buscar el equilibrio en tu estado de tranquilidad. Es el momento óptimo para dedicar tiempo a revitalizarte de cara a la próxima semana, por lo tanto, es prudente utilizarlo de manera inteligente. En ciertas circunstancias, es posible que se presente la oportunidad de tener un fin de semana lleno de compromisos, sin embargo, esto no implica que deba dedicarse exclusivamente a atender responsabilidades personales. Puede ser relativamente sencillo lograr que la mayor parte de su fin de semana esté desocupada mediante la aplicación de los consejos que se detallan a continuación.

Planifique siempre la semana subsiguiente. Solo te tomará unos minutos de tu tiempo pero puede ahorrarte muchos más adelante. Adicionalmente, al proporcionarte mayores intervalos de tiempo libre durante la próxima semana, lograrás disminuir notablemente tus niveles de estrés, ya que contarás con una planificación laboral. Elabora un registro de las tareas pendientes y los compromisos de reuniones o eventos a los que debes asistir.

No vaciles en rechazar planes fortuitos si no puedes adaptarte a los mismos. Durante el transcurso de tu fin de semana, es posible que optes por deleitarte con un sosegado tiempo de descanso en la comodidad de tu hogar, o bien, podrías tener previstas otras actividades para ese día. En caso de que un amigo te extienda una invitación para salir a tomar, pero dicha propuesta no pueda ser acomodada dentro de tu horario, te sugiero que declines de manera cortés, proporcionando una explicación fundamentada acerca de las razones por las cuales no puedes aceptar.

En lo que respecta a la gestión del tiempo, una de las estrategias más efectivas para obtener tiempo libre es ser metódico en su enfoque. Al ser una persona metódica, tienes pleno conocimiento de la ubicación de todos los objetos, lo que evita la pérdida de tiempo en la búsqueda de un libro o una prenda en particular. Además, no es necesario realizar constantes reajustes en tu agenda, lo cual te permite ahorrar tiempo para dedicarlo a otras actividades. Si deseas lograr y mantener un nivel óptimo de organización, te recomiendo seguir estas recomendaciones sencillas.

Asigne un espacio a cada objeto. We recommend allocating a designated area for each item, whether it be in the workplace or at home. De este modo, podrás hallar de manera sencilla aquello que requieras en la mayoría de las ocasiones en que así lo necesites.

En caso de que su espacio se encuentre desorganizado, se sugiere comenzar de manera gradual con el objetivo de evitar sentirse abrumado/a. En caso de que estés comenzando el proceso de organización, te recomendaría enfocarte en un área por vez. Evita poner demasiado énfasis en tratar de completar todas las tareas en un solo día, para así evitar que tu motivación decaiga.

Limpia. Evita permitir que el caos se adueñe de tu entorno manteniendo una frecuente limpieza. Este hecho implica que en caso de que hayas realizado un lavado recientemente, debes proceder a colocar las prendas en su sitio de manera inmediata. No la dejes en el salón ni en la mesa del comedor para su posterior ubicación.

Implementación Del Principio De Pareto En Su Organización

El concepto del Principio de Pareto, ampliamente reconocido como la Regla 80/20, fue inicialmente propuesto en 1896 por el distinguido economista italiano Vilfredo Pareto durante su período en la Universidad de Lausana. En resumen, la regla del 80/20 postula que solo un porcentaje menor de esfuerzos, recursos y motivaciones conduce a la gran mayoría de los resultados, productos y recompensas esperados por un individuo específico. Dicho de otra manera, el 80% de los resultados que obtiene en su vida son consecuencia de solo el 20% de las actividades en las que invierte su tiempo, esfuerzo y energía. En consecuencia, en la mayoría de las circunstancias, durante aproximadamente el 80 por ciento del tiempo, el tiempo y la energía dedicados a una empresa específica carecen de relevancia en cuanto a la consecución de metas.

Con el fin de otorgar una adecuada perspectiva, la regla 80/20 sostiene que existe una propensión intrínseca al desequilibrio entre:

Causas y efectos
Entradas y salidas
Esfuerzos y recompensas

La cuestión planteada es si no sería ventajoso focalizar su tiempo, esfuerzo y energía en un 20% de las actividades que generen un 80% de los resultados deseados, recompensas y productos.

La relevancia del principio de Pareto" "La trascendencia del principio de

Pareto" "La importancia primordial del principio de Pareto

Con frecuencia excesiva, las personas suelen abrigar la expectativa de que todas las causas posean una influencia equivalente en los resultados que persiguen. Por ejemplo, en el contexto de los emprendimientos modernos, existe la tendencia de que las personas asignen un alto valor a cada cliente, lo cual genera en ellos la obligación de atender las demandas de dichos clientes, incluso si estas resultan poco productivas para el funcionamiento eficiente del negocio. Un ejemplo adicional sería el de un emprendedor que tiene la expectativa de que cada uno de sus productos o servicios proporcionen un valor igualmente significativo y en los cuales deba enfocarse. Lamentablemente, nada puede estar más distante de la verdad.

Por otro lado, el principio de Pareto establece que, al analizar dos conjuntos de información, frecuentemente se observa un patrón de desequilibrio en la mayoría de los casos. La falta de equidad radica en que únicamente un reducido número de insumos generan la mayoría de los productos originalmente contemplados. Cual es la importancia que le otorgas a esto? Comprender el principio de Pareto le brindará una perspectiva de gran valor sobre cómo optimizar la gestión de su tiempo y mejorar su productividad.

Al emplear el principio de Pareto en el contexto de su empresa
En lo que respecta a la eficiencia en los ámbitos empresariales, es posible alcanzar el 80 por ciento de las tareas diarias utilizando tan solo el 20 por ciento del tiempo disponible. Es fundamental que los empresarios tengan

conocimiento de que el principio de Pareto es aplicable en todas las áreas de su empresa, en especial en la administración del tiempo. Esta premisa implica que el 20% de las actividades que usted lleva a cabo durante su jornada diaria son responsables de generar el 80% de los resultados obtenidos. Además, se puede inferir que el 20% de sus clientes son responsables de generar el 80% de las ventas de su empresa, al igual que el 20% de sus productos o servicios son responsables del 80% de las ganancias generadas por su negocio.

Como empresario, la implementación del Principio de Pareto para administrar mejor su tiempo es simple. La primera acción que se debe emprender implica hacer un análisis minucioso de la lista de tareas, con el objetivo de identificar aquellos elementos que representan el

20 por ciento de las actividades que serán responsables de generar el 80 por ciento de los resultados. Las siguientes son las actividades en las que desea concentrarse durante el transcurso del día y que deben ser consideradas de máxima importancia.

La cantidad restante del 80% de las actividades, las cuales contribuyen únicamente al 20% de los resultados, pueden ser trasladadas o encargadas a un profesional capacitado que disponga del tiempo y la destreza necesarios para finalizarlas satisfactoriamente. La externalización del 80% de las actividades no fundamentales le brindará la oportunidad de enfocar sus recursos y esfuerzos en las tareas centrales que impulsarán el crecimiento y la rentabilidad de su empresa.

El manejo del tiempo no es meramente la habilidad de tomar decisiones sustanciales acerca del orden en el que se deben completar las tareas, las cuales a su vez determinarían el nivel de productividad potencial alcanzable. Mediante una adecuada administración del tiempo, es posible ejercer el dominio sobre las labores y actividades que se desempeñan diariamente. Las personas genuinamente productivas han adquirido un dominio de las habilidades de administración del tiempo y se enfocan inicialmente en las tareas más cruciales. Este desemboca en un aumento de la productividad, brindándoles la capacidad de llevar a cabo un mayor número de tareas en un periodo de tiempo reducido.

Técnicas De Productividad

La optimización del tiempo está determinada por su capacidad de gestionarlo de manera proactiva, en lugar de permitir que el tiempo le controle. Esta perspectiva constituye el primer paso hacia el logro del control sobre su gestión del tiempo.

Al intentar gestionar su tiempo, puede percatarse de que los métodos utilizados para abordar una crisis contribuyen a la generación de problemas en su administración del tiempo.

Es importante destacar que es posible obtener resultados positivos significativos al utilizar de manera eficiente y organizada el tiempo disponible, más de lo que originalmente se creía factible.

"Al formular esta estrategia, es importante tener presente dos ideas:"

- Resérvese un momento para adquirir habilidades en la gestión eficiente del tiempo.

- Los principios de la gestión del tiempo son simplemente indicativos.

Por lo tanto, hemos identificado el problema y es obvio que entendemos las implicaciones que conlleva la falta de organización... Sin embargo, aún quedan interrogantes por resolver.

- Cuál es la resolución a este problema?

¿Cuáles son las medidas que debo tomar para abordar este problema en su origen?

- ¿Cómo puedo reestructurarme en este punto y comenzar a mejorar mi rendimiento?

- ¿Cuál es la opinión de los especialistas acerca de este asunto?

- ¿Es necesario que logre alcanzar mis objetivos en esta vida para hacerlo también en la otra?

Serán brindadas respuestas a todas estas interrogantes y a otras de igual relevancia en las siguientes secciones de la guía. Por lo tanto, te insto a continuar con la lectura sin demora. No te arrepentirás...

Las 10 Pautas Para Optimizar Tu Organización

De acuerdo con las investigaciones de Adina Glickman, experta del prestigioso Centro de Enseñanza y Aprendizaje "Sweet Hall" de la Universidad de Stanford, se ha determinado que existen 10 pasos fundamentales para lograr una organización eficiente y efectiva:

1. Por favor, tome nota de todo. Por favor, adquiera, conserve y emplee un calendario planificador con el fin de establecer las fechas de cumplimiento de los proyectos de envergadura. Por favor, registre las fechas de los plazos importantes (tales como pruebas y entregas) en su agenda académica. Registre las fechas de vencimiento correspondientes a cada etapa: investigación, elaboración del esquema, primer proyecto, entre otras.

2. Por favor, registre los datos en su agenda o calendario personal para mantenerlos organizados. Tenga en cuenta que la cantidad no siempre es sinónimo de calidad. Seis listas conllevan el uso de seis documentos para mantener un seguimiento adecuado. Resulta más sencillo gestionar únicamente una lista.

3. Unifique el periodo de planificación. Dedique treinta minutos a la planificación de un día o semana a la vez, enfocándose específicamente en la secuencia de tareas que realizará en cada momento.

4. Organice adecuadamente su tiempo fuera del horario de clases. Registre una tarea particular dentro de un intervalo de tiempo designado, al igual que si

estuviera planificando asistir a una clase. Es imperativo que llegue puntualmente.

5. Aproveche de manera efectiva los breves intervalos de tiempo entre clases y reuniones. Es factible examinar y modificar sus apuntes de una conferencia reciente en un lapso de quince minutos. Un periodo de treinta minutos resulta idóneo para iniciar sucesiones de problemas.

6. Manejar cada documento de forma individual. Por favor, cese de manosear una gran cantidad de documentos. Por favor, tome una determinación acerca de qué acción tomar con el papel y proceda en consecuencia. Al dedicar un momento para leer los mensajes de correo electrónico, es recomendable responder a los mismos de manera inmediata.

7. Proceder al diagnóstico de su tendencia a la procrastinación. ¿Experimenta dificultades al iniciar o simplemente al seleccionar un tema? ¿Engloba todos los problemas o solo uno que presenta una sección de difícil comprensión? La grandeza de Roma no se alcanzó en un solo día; para completar una carrera universitaria se requieren al menos 4 años; las tareas desafiantes deben ser divididas en partes más pequeñas para ser abordadas adecuadamente.

8. Crear incentivos dentro de su calendario. Resulta más efectivo dedicar cuatro horas continuas al estudio seguidas de una conversación telefónica de media hora con su mejor amigo, en comparación con cuatro horas de estudio de baja calidad interrumpidas por breves y distractoras llamadas telefónicas.

9. Por favor, dedique un momento para sí mismo. Hacer ejercicio, disfrutar, establecer relaciones y descansar.

10. Cuando se presentan distracciones, resulta más acertado abstenerse de darles cabida. Si se concede un breve lapso de tiempo en el que se concentre exclusivamente en un aspecto que no suscite preocupación ni distracción, es probable que experimente una mayor sensación de relajación.

Implementación De La Regla Del 80/20 En Su Organización

El Principio de Pareto, más comúnmente conocido como la Regla 80/20, fue explorado inicialmente por el economista italiano Vilfredo Pareto en 1896 durante su mandato en la Universidad de Lausana. Enunciada de manera concisa, la regla del 80/20 postula que solamente una minoría de los esfuerzos realizados, los insumos empleados y las causas promovidas, resultan en la obtención de la mayoría de los resultados, productos y recompensas esperadas por parte de un individuo en particular. En resumen, el 80% de los resultados obtenidos en la vida proviene del 20% de las actividades en las que se invierte el tiempo, el esfuerzo y la energía. En consecuencia, en la práctica, el 80% del tiempo, esfuerzo y energía invertidos en una actividad específica carecen de relevancia para alcanzar los objetivos establecidos.

Con el fin de contextualizarlo, se puede establecer que la regla 80/20 revela la presencia de una discrepancia intrínseca entre:

• Orígenes y consecuencias • Factores desencadenantes y repercusiones • Motivos y impactos • Razones y resultados

• Ingresos y egresos.

• Incentivos y logros • Trabajo y retribución • Dedication y reconocimiento • Labor y compensación • Esfuerzo y retribución • Empeño y recompensa • Devoción y gratificación • Diligencia y retribución

La cuestión planteada es la siguiente: ¿No sería sumamente beneficioso poder dirigir de manera focalizada su tiempo, dedicación y vitalidad en el 20% de las actividades que generarán el 80% de los resultados, recompensas y logros que usted busca?

La importancia del principio de Pareto

Con gran regularidad, se observa que las personas suelen atribuir un nivel de relevancia uniforme a todas las causas respecto a los resultados deseados. Un ejemplo sería el ámbito de los emprendimientos, donde se tiende a asumir que cada cliente tiene un valor considerable, lo cual conduce a la voluntad de satisfacer las demandas de dicho cliente, incluso si resultan poco productivas para el funcionamiento de la empresa. Un caso adicional podría ser el de un empresario que sostiene que todos los productos o servicios que ofrece a su clientela poseen igualmente un valor significativo y, por ende, debería dedicar tiempo y recursos a todos ellos. Desafortunadamente, esto se encuentra considerablemente alejado de la verdad.

Por otro lado, el principio de Pareto sostiene que al realizar un análisis de causa y efecto sobre dos conjuntos de información, en la mayoría de los casos se observará un patrón de desequilibrio. La falta de equilibrio se manifiesta en el hecho de que únicamente una minoría de las entradas generará la gran mayoría de las salidas contempladas en un principio. De qué manera se justifica su importancia? La comprensión del principio de Pareto proporcionará una perspectiva de gran valía para la eficiente administración del tiempo y el incremento de la productividad.

Implementación del principio de Pareto en su organización

En cuanto a la eficiencia en el ámbito empresarial, se puede afirmar que aproximadamente el 80% de las actividades diarias pueden llevarse a cabo en un lapso de tiempo equivalente al 20% de la jornada laboral. Es fundamental que los emprendedores tengan pleno conocimiento de que el principio de Pareto resulta aplicable a todos los ámbitos de su empresa, especialmente en lo concerniente a la administración del tiempo. Esto implica que el 20 por ciento de las actividades realizadas a lo largo del día representan el 80 por ciento de los resultados, lo que significa que el 20 por ciento de sus clientes son responsables del 80 por ciento de las ventas y el 20 por ciento de sus productos o servicios generan el 80 por ciento de su negocio. ganancias

Para aquellos que se dedican al emprendimiento, utilizar el Principio de Pareto como una estrategia para optimizar la gestión del tiempo resulta un proceso de simplificado. El inicio del proceso implica analizar detenidamente su lista de tareas pendientes y indentificar las actividades que constituyen el 20% crucial, ya que estas serán las responsables de generar el 80% de los resultados. Estas son las tareas a las que debe dedicarse durante el día y a las que debe otorgar la máxima importancia.

Las actividades restantes, que corresponden al 80% y generan solamente el 20% de los resultados, pueden ser asignadas o subcontratadas a un profesional competente que cuente con la capacidad y disponibilidad necesarias para ejecutarlas exitosamente. La externalización del 80% de las actividades de menor relevancia le permitirá dedicar su tiempo y esfuerzos a la ejecución de tareas estratégicas que fomentarán el crecimiento de su empresa y aumentarán sus ganancias.

La administración del tiempo no está relacionada con la capacidad de tomar decisiones importantes acerca de la secuencia de eventos que deben llevarse a cabo y que, a su vez, determinarán el nivel de productividad que se puede alcanzar. Al ejercer un adecuado manejo del tiempo, es posible ejercer el control sobre las distintas tareas y actividades en las que se invierte diariamente. Las personas genuinamente productivas son expertas en la gestión del tiempo y siempre priorizan las tareas de mayor importancia. Esto les brinda la capacidad de realizar una mayor cantidad de tareas en un período de tiempo más reducido.

Realizar labores según categorías de actividades

Si nos referimos al tipo de tareas, es importante considerar que estas pueden presentar características notablemente divergentes.
Puede haber algunas tareas que involucren la redacción, otras que demanden la lectura, otras que

impliquen la asistencia a reuniones fuera de la oficina, otras que requieran reflexionar o estudiar, dialogar o utilizar el teléfono, o resolver problemas urgentes...

Si, durante la etapa de procesamiento de las tareas contenidas en la bandeja de entrada, aprovechas la oportunidad para asignar etiquetas en función de diversas características definidas, serás capaz de mejorar significativamente tu organización. Al tomar decisiones respecto a dónde deseas enfocar tus esfuerzos, podrás optar por un proyecto específico y todas sus tareas asociadas, o por un tipo particular de tarea que se encuentre presente en múltiples proyectos.

Por ejemplo, si tienes el deseo de entablar una conversación y te apetece utilizar el dispositivo telefónico, podrías considerar abordar todas aquellas tareas que requieren realizar llamadas a fin de aliviar tu carga de trabajo, ya que abordarías simultáneamente múltiples tareas pertenecientes a distintos proyectos.

Tal vez puedas determinar cuáles tareas rutinarias debes completar hoy antes de abordar otros asuntos.

Entonces, podría buscar mediante la categoría de labores cotidianas y completarlas de una vez por todas.

Puede optar por enfocarse únicamente en las tareas relacionadas con el envío de correos electrónicos, al realizar una búsqueda por esa etiqueta específica y, de esta manera, gestionar eficientemente todas las comunicaciones pendientes que requieren ser enviadas.

Al abordar las labores de manera categorizada, puedes lograr una notable eficacia al enfocarte intensamente en una única actividad, permitiéndote encontrar sinergias con tu capacidad de concentración y concluir mucho antes que si las realizas por separado en momentos distintos.

Por ejemplo, personalmente encuentro útil utilizar ocasionalmente como criterio la duración estimada de cada tarea, de manera que priorizo prioritariamente aquellas que requieren un lapso de tiempo inferior a los 5 minutos.

De este modo, una cantidad superior al 50% de las tareas de la lista son completadas en un lapso de tiempo breve, y como resultado de ello, mi motivación se encuentra en un estado elevado.

Un comienzo del día maravilloso

Este tipo de organización, con bandejas de entrada basadas en proyectos y tareas, que permite una fácil selección de criterios y su posterior modificación en función de la información adicional emergente, solo se puede lograr con la ayuda de herramientas informáticas de gestión de la productividad.

En esta representación visual de la herramienta Nozbe se puede observar un ejemplo paradigmático de cómo se estructuran y clasifican los proyectos o categorías.

En función de tu elección, se presentarán las tareas correspondientes que se ajusten a tu preferencia o criterio laboral.

En el ámbito del mercado, previamente he señalado la existencia de diversas herramientas de productividad sumamente atractivas. Sin embargo, es factible lograr resultados similares con facilidad haciendo uso de una base de datos Access.

Materiales de trabajo.

Es crucial tener en cuenta que los proyectos y sus tareas deben estar respaldados por una serie de materiales o documentos adicionales, como correspondencia electrónica, archivos, entre otros.
Eso resulta evidentemente difícil de lograr con un simple bloc de papel...
Las herramientas de Gmail, Dropbox y Evernote son útiles para almacenar los elementos necesarios para el trabajo, sin embargo, carecen de la capacidad para establecer un sistema de productividad óptima.

Si tiene acceso a las herramientas disponibles en el mercado para administrar su productividad, asegúrese de poder vincular de manera efectiva todos sus materiales de referencia a sus tareas y proyectos.

Usualmente se dedica una considerable cantidad de tiempo en determinado momento buscando la información pertinente a la tarea a realizar, como por ejemplo, un correo electrónico o contraseñas.

Resulta sumamente extenuante esta búsqueda, lo cual nos permite inferir el impacto negativo que la frustración de no encontrar algo de manera oportuna tiene sobre la eficiencia laboral.

Conozco a personas que invierten un mayor periodo de tiempo en la búsqueda de la información necesaria para llevar a cabo una tarea específica, en lugar de emplear dicho tiempo en la ejecución de sus propias tareas.

Por último, al concluir el día, experimentan una sensación de completa falta de organización.

La Falta De Concentración

A mayor nivel de concentración, se optimizará la eficiencia y reducirá el tiempo necesario para completar tus tareas. Dado que las tareas deben llevarse a cabo, ya sea que te agraden o no, es recomendable que las realices en el menor lapso de tiempo posible, poniendo un enfoque total en su ejecución. Procure evitar cualquier distracción innecesaria y, en caso de ser propenso/a a distraerse, evite aquellos estímulos que le distraen. No hay persona más capacitada que tú para conocer esas circunstancias. Si te dedicas a trabajar desde casa, es recomendable asegurarte de hacerlo siempre en un entorno fijo, ya que esta práctica promueve y facilita la concentración. Si los ruidos te resultan perturbadores, te sugiero evitar tener encendido el televisor o la radio, y aprovechar las horas en las que haya mayor tranquilidad en tu hogar. En caso de que la presencia de personas visibles desde la ventana cause distracción, se recomienda instalar una cortina como medida pertinente. Estas acciones, aunque evidentes, pueden ejercer una notable influencia en la optimización de nuestro tiempo. Duerme bien, trabaja en una habitación bien ventilada, come adecuadamente... Todo eso ayudará a que estés más relajado y en plenas facultades para trabajar.

REUNIONES INTERMINABLES

La principal fuente de pérdida de tiempo tanto en el ámbito laboral como en el ámbito personal radica en esto. Existen tres principales argumentos que sustentan el hecho de que las reuniones pueden incurrir en una pérdida de tiempo:

- No resultan necesarias: Reflexione acerca de la cantidad de reuniones a las que ha asistido y que podrían haber sido reemplazadas por medio de un correo electrónico, una videoconferencia o un sistema de votación. En muchas ocasiones dentro de las empresas, las reuniones suelen adquirir un carácter social en el que se propicia la interacción y se comparte una taza de café, pero se dedica poco tiempo al trabajo. Existen otras oportunidades durante el día para hacerlo, como los intervalos de descanso, compartir comidas con los colegas o al finalizar la jornada laboral.

- No es requisito nuestra presencia: En numerosas ocasiones, se tiende a convocar a individuos a las reuniones por inercia, por conveniencia, o incluso por evitar excluir a alguien. Te insto a reflexionar sobre la veracidad de tu asistencia cuando seas convocado, determinando si resulta fundamental o si en realidad puedes contribuir de manera significativa. Dirigirse a un lugar solo con el propósito de ocupar espacio carece de sentido. En las convocatorias a las reuniones de vecinos, se invita a la participación de todos los residentes, sin embargo, es posible que los asuntos a tratar no resulten relevantes para usted, por lo que podría considerar delegar su voto en el caso de cuestiones menores que no le afecten directamente. En el ámbito laboral, es posible que un colega o compañero tuyo pueda asistir y posteriormente proporcionarte un resumen de la reunión, o bien puedes solicitar el acta al finalizar para obtener información acerca del desarrollo de la misma.

• Carecen de una agenda establecida y no se ha determinado su duración: Esta cuestión es de vital importancia. Toda reunión debe contar con un propósito definido y concreto. En caso contrario, podrían surgir innumerables temáticas adicionales, prolongando indefinidamente el proceso sin lograr una conclusión definitiva. Por consiguiente, si en algún momento eres convocado a una reunión sin tener un orden del día establecido, te recomendaría solicitarlo o bien prepararlo tú mismo. Además, requiere establecer una hora límite para poder gestionar adecuadamente su agenda y atender otras responsabilidades. Además, en situaciones de restricción temporal, se toman decisiones de manera más expedita, sin dilaciones excesivas.

Ausencia de determinación y rigurosidad

¿Recuerdas cuando interrogaba sobre tu personalidad? Es posible que tengas cierta tendencia a la pereza o a la falta de disciplina. Corregir a edades avanzadas en la edad adulta puede presentar desafíos, aunque no es una tarea imposible. Adicionalmente, existen estrategias o procedimientos que pueden resultarte beneficiosos. La voluntad y la autodisciplina se cultivan gradualmente, por ejemplo, a través de incentivos (como dar un breve paseo si se termina a tiempo, disfrutar de un helado o recibir un masaje), establecer metas o objetivos alcanzables, y tomar breves descansos cada 60-90 minutos de trabajo.

ADICCIÓN AL TRABAJO

Da la impresión de que el exceso de trabajo no nos quita tiempo, pero en realidad es así. Se trata de otro individuo que es extremadamente ineficiente en la gestión de su tiempo. La adicción laboral acapara nuestro tiempo destinado a actividades fundamentales que van más allá del trabajo, al tiempo que agota nuestra energía y afecta nuestra salud, dificultando así el desempeño óptimo de nuestras responsabilidades. Es una cosa seria.

Existen numerosas adicciones, y entre ellas se incluye, inevitablemente, la adicción al trabajo. Si, en términos generales, no disfrutas laborar, posiblemente te resulte difícil comprender cómo alguien puede llegar a desarrollar una adicción al trabajo, al igual que si no sientes afinidad por el ejercicio físico, puede ser difícil para ti entender cómo alguien se vuelve adicto al gimnasio. El fenómeno se repite en el caso del alcohol, las drogas y cualquier otra adicción. En contraste, en caso de ser alguien que tiene una predisposición hacia el trabajo excesivo, sentirás dificultades para admitir que posees esta característica, al igual que sucede con otras formas de adicción.

Los seres humanos poseemos una notable predisposición a la dependencia. No debes afligirte por haber cedido ante esa tentación (debo admitir que en ciertos períodos de mi vida he sido una persona adicta al trabajo). Podrás determinar si sufres de adicción si te sumerges excesivamente en tus responsabilidades laborales, sin una supervisión o restricción adecuada, al tiempo que abandonas otras actividades que solías disfrutar, ya sean pasatiempos, momentos de calidad con tu familia y amigos, viajes o incluso tomarte un tiempo adecuado para disfrutar de una comida tranquila.

Es posible que trates de excusarte argumentando una alta carga de trabajo, o indicando que no llevar a cabo esas tareas resultará en consecuencias adversas (como perder tu empleo, no conseguir el cliente, o no progresar en tu carrera). Sin embargo, en verdad, el individuo con adicción al trabajo se encuentra motivado por una necesidad psicológica en lugar de una motivación puramente laboral. La persona experimenta una pérdida de estabilidad emocional al adoptar una actitud agresiva con el objetivo de alcanzar el éxito, muchas veces argumentando que los medios justifican el fin, lo cual puede implicar sacrificar la relación de pareja, el bienestar de los hijos, la amistad, el descanso, las horas de sueño y una alimentación adecuada.

En caso de manifestar un nivel excesivamente alto de perfeccionismo, es probable que se tenga una mayor propensión hacia esta forma de adicción. Adicionalmente, la situación se ve agravada debido a que se trata de una disfunción que es socialmente tolerada y legitimada. No se percibe de forma negativa que alguien dedique un gran esfuerzo a trabajar arduamente en beneficio de su familia, esforzándose a diario para brindar un futuro próspero a sus hijos. Sin embargo, en realidad recurre a ello como un refugio personal, como una manera de escapar de la vida familiar o personal que posiblemente no le agrade. O puede ser posible que no experimente un sentido saludable de autoestima y busque evadirse mediante un aumento constante de su carga laboral, con el fin de evitar reflexionar sobre si verdaderamente está tomando las decisiones adecuadas.

En caso de que desee determinar si posee una adicción laboral, le insto a que responda a las siguientes interrogantes:

• ¿Acostumbras a permanecer laborando más allá del horario establecido, incluso una vez que todos se han retirado?

• ¿Experimentas malestar si decides regresar a casa antes que el resto de las personas?

• ¿Acostumbra usted a llevar trabajo a su hogar (por ejemplo, informes, exámenes para corregir, el ordenador para continuar trabajando...)?

- ¿Permaneces constantemente conectado al teléfono celular debido a asuntos laborales, incluso fuera de la jornada laboral?

- ¿En tu programación diaria cuentas con una mayor cantidad de colegas laborales que de amistades?

- ¿Sueles expresar de manera constante tu falta de tiempo para realizar tus labores?

- ¿Suele ser frecuente que tus interacciones, incluso con familiares y amigos, se centren mayoritariamente en torno a tu empleo?

- ¿Consideras tu presencia indispensable en tu puesto de trabajo?

- ¿Consideras las vacaciones o los fines de semana interminables debido a tu anhelo de regresar al trabajo?

Si has respondido afirmativamente a la mayoría de estas preguntas, es probable que estés enfrentando un problema. La primera etapa radica en identificarlo, y la segunda consiste en iniciar un proceso de tratamiento. Solicite la asesoría de un profesional médico o psicólogo, considere la búsqueda de actividades complementarias a su labor obligatoria, participe en el aprendizaje y aplicación de técnicas de relajación, emprenda una reflexión profunda y amplíe su conocimiento sobre el perfeccionismo y el éxito, con el objetivo de enriquecer su perspectiva en relación con sus responsabilidades y compromisos laborales.

IMPUNTUALIDAD

En caso de que llegues tarde, comenzarás tu actividad con retraso. Considero innecesario extenderme demasiado en este asunto debido a su evidente naturaleza. Si se establecen horarios para llevar a cabo determinadas actividades y se comienza con retraso o no se le otorga importancia al cumplimiento del horario, resulta poco probable que se logre cumplir la tarea en el tiempo establecido. Permíteme también expresar que la falta de puntualidad, especialmente cuando afecta a otros, constituye una falta de consideración ya que desvaloriza el tiempo ajeno.

Tome en consideración que si tiene programada una reunión de 10 a 12 en la que se abordarán ciertos temas, las personas con las que se reunirá han dedicado ese tiempo exclusivamente para asistir a dicha reunión, renunciando a otras actividades que podrían considerar relevantes o más satisfactorias. Al llegar tarde, estás retrasando el inicio de la reunión y, posiblemente, su conclusión, obstaculizando así el avance de las actividades programadas para las personas participantes una vez finalizada la reunión. O tal vez no esté asignando el tiempo adecuado para abordar de manera adecuada los asuntos programados en esa cita.

El mismo fenómeno se observa en el ámbito personal, ya que la falta de puntualidad también constituye una falta de respeto hacia amigos o familiares. Aguardar a alguien no resulta muy cortés y podría transmitir la impresión de falta de interés hacia el encuentro.

En el caso de que experimente retrasos en su puntualidad, esto puede ser atribuido a su percepción subjetiva del tiempo, como previamente hemos discutido. Sin embargo, es tu deber buscar una solución y no responsabilizar a los demás de las consecuencias. Si es por una ausencia de disposición, ¿por qué has accedido a la invitación? Ya te he dejado en claro que no es necesario que aceptes todas las propuestas que te hagan.

La falta de puntualidad también puede ser considerada un fenómeno influenciado por la cultura. Es verdad que en determinadas naciones, como España, esto es una realidad comúnmente esperada y se observa una actitud combativa en relación a este asunto. Tengo en memoria haber acordado encontrarme con amigos para cenar a las 9 p.m. y nadie se presentó hasta las 10 p.m. Dado que ya estamos conscientes de esto de antemano, todos llegaremos tarde para evitar ser los primeros en llegar. Sin embargo, si te encuentras en la situación de interactuar con individuos que se encuentran fuera de tu entorno habitual o provienen de países con una cultura distinta, es recomendable ejercer cautela. Es posible causarles ofensa, y en el contexto de asuntos comerciales, es importante entender las posibles ramificaciones que esto conlleva. En países como Alemania o Inglaterra, consideramos que llegar cinco minutos después de la hora acordada se considera llegar tarde, sin lugar a dudas. En España, llegar cinco minutos tarde se considera llegar temprano.

Tema 3: Factores que contribuyen a la disminución de la productividad

DESORGANIZACIÓN.

Si experimentas una disminución en tu nivel de productividad laboral, es probable que se refleje en una falta de organización general en todo el equipo de trabajo, lo cual dificulta que los colaboradores realicen sus tareas asignadas de manera rutinaria. Si las reuniones que organiza comienzan con retraso, exceden el tiempo asignado o no abordan el verdadero propósito de la discusión, esto se manifestará como una productividad inadecuada.

CONFLICTOS ENTRE EMPLEADOS.

Es posible que te veas involucrado en un conflicto principalmente cuando asumes el lugar de otra persona. Si existe un retraso en la producción asignada para un horario específico, el turno siguiente experimentará las consecuencias y comenzarán a surgir conflictos.

CAIDA DE NEGOCIOS.

La premisa anterior conduce inevitablemente a que tu empresa experimente repercusiones, en caso de no poder ofrecer tus servicios puntualmente. Estás perdiendo la lealtad de tus clientes. Si la productividad se ve comprometida, su empresa se enfrenta a la insolvencia, especialmente en nuestro mundo contemporáneo, donde la rapidez es un requisito previo para cualquier cliente.

ESTRES LABORAL.

Si experimentas una disminución en tu productividad y esto se ve exacerbado por la presencia de estrés en tu vida, estás propiciando la convergencia de circunstancias que se retroalimentan en el entorno laboral. En caso de que tu producción no alcance los objetivos establecidos, el estrés comienza a desempeñar su papel, lo cual resulta en una productividad deficiente por tu parte.

Cómo incrementar su nivel de productividad

En este momento es pertinente abordar esta situación, razón por la cual presento algunas pautas que te permitirán resolver los obstáculos que te impiden incrementar tu eficiencia. En situaciones en las que te enfrentas a un problema de gran envergadura o complejidad, y la solución es claramente discernible, la aplicación de habilidades de resolución de problemas te capacitará para iniciar el proceso hacia una solución, a pesar de que no puedas visualizar todo el recorrido desde el punto de partida.

Consideremos el escenario en el que tu objetivo sea alcanzar la cima de una montaña, pero no cuentas con ninguna huella o sendero que seguir. Un ejemplo de una estrategia para resolver problemas consistiría en abordar directamente el desafío hasta encontrarse con una barrera infranqueable. En cada instancia en la que te encuentres con este desafío, persévéralo hasta que logres ascender nuevamente hacia la cima. Posiblemente no sea la solución óptima, no obstante es altamente probable que resulte efectiva, y te permita alcanzar inexorablemente el éxito.

La resolución de problemas no brinda una garantía de encontrar la solución óptima, ni tampoco garantiza en términos generales obtener alguna solución. Sin embargo, desempeña eficientemente su función al asistir en la resolución de determinados tipos de inconvenientes. La clave para resolver tus problemas radica en romper con el estancamiento de la indecisión y lograr la ejecución de acciones. A medida que emprendes acciones, se inicia la exploración del espacio de posibles soluciones, lo cual amplía tu comprensión del problema. A medida que acumules conocimientos acerca del problema en cuestión, tendrás la capacidad de ajustar tu enfoque a lo largo del trayecto, optimizando gradualmente las probabilidades de hallar una resolución adecuada.

En caso de enfrentarte a un problema cuya solución inicial te sea desconocida, es común que vayas descubriendo una solución a medida que avanzas, una solución que antes no podrías haber concebido hasta que tomas acción. Esto es especialmente verídico en el ámbito laboral creativo, dado que resulta difícil determinar con precisión lo que se intenta construir hasta dar inicio al proceso de construcción.

La resolución de problemas encuentra su espacio idóneo en la aplicación de tu nivel de productividad personal. Estamos haciendo referencia a normas de conducta que pueden contribuir a alcanzar los objetivos de manera más eficaz.

La resolución de problemas puede presentarse en diversas formas en el entorno laboral, sin embargo, la más significativa radica en la habilidad de optimizar la gestión del tiempo, incrementando así la eficacia de los esfuerzos profesionales.

Administra Tu Tiempo De Forma Eficiente

Con el fin de establecer una estructura en tu vida profesional, será necesario determinar los períodos en los cuales dedicarás tiempo al trabajo. La administración del tiempo te permitirá superar las frases comunes como "no tengo suficiente tiempo", "el trabajo ocupa todo mi día", "debería haber más horas en el día", entre otras. Previo a iniciar la gestión del tiempo, es primordial adquirir conocimientos acerca de su naturaleza y funcionamiento. Según su definición, el tiempo se entiende como el momento o intervalo durante el cual suceden los eventos. Brevemente expresado, el tiempo se refiere al transcurso de los eventos.

Existen dos categorías temporales: el tiempo convencional y el tiempo tangible. En cuanto a la medición del tiempo, se constata que hay 60 segundos en un minuto, 60 minutos en una hora, 24 horas al día y 365 días al año. Siempre pasa igual. Cuando una persona alcanza los 50 años, se trata de una duración exacta de medio siglo, sin ninguna variación ya sea más o menos.

Sin embargo, en el ámbito temporal actual, toda la duración es relativa. La velocidad del tiempo varía en función de las actividades que se están realizando. Dos minutos en un enfrentamiento pugilístico se transforman en una duración interminable para los contendientes. No obstante, para los progenitores, un hijo de doce años aparenta haber nacido tan solo en tiempos recientes.

Tú posees el mismo tiempo toda jornada que cualquier individuo, únicamente depende de tu habilidad para gestionarlo de manera eficiente con el fin de lograr tus responsabilidades y, además, reservar tiempo libre para disfrutarlo a tu antojo.

En la sociedad contemporánea, los sistemas de administración del tiempo han adquirido notoriedad. El beneficio final de este tipo de sistemas radica en su habilidad para optimizar la distribución del tiempo con el propósito de obtener los resultados más óptimos en el menor lapso posible.

Te familiarizarás con situaciones en las que se ha administrado eficientemente el tiempo, obteniendo ventajas como la finalización de estudios en un periodo de tiempo notablemente breve. No obstante, estas iniciativas no constituyen un reto insuperable para ti. Se trata, simplemente, de una correcta gestión del tiempo. Es de conocimiento desalentador reconocer que se pueda estar gestionando de manera deficiente el tiempo, y que con el transcurso de los días se convierta en una forma de vida arraigada. No debes inquietarte en relación a esto, ya que la conducta semejante es común entre la mayoría de las personas. Es crucial reconocer esta situación y comenzar a transformarla en tu beneficio.

Según los especialistas, el 80% de los acontecimientos laborales se derivan en realidad de un 20% del esfuerzo invertido. Si dedicaras de manera deliberada el 80% de tu tiempo diario a actividades inteligentes y productivas, tu trayectoria sería una historia de logros exitosos. Los ejecutivos de nivel medio utilizan únicamente entre el 20% y el 30% de su potencial. Tal vez en la actualidad no poseas conciencia de la medida en la que estás desaprovechando tus habilidades debido a la falta de una adecuada administración del tiempo. Cuando examines tus logros y fracasos, te darás cuenta de la importancia de una gestión más efectiva del tiempo.

TIEMPO Y SISTEMAS DE ADMINISTRACIÓN

Al valorar tu vida como algo de gran importancia y trascendencia, también considerarás de forma equitativa tu tiempo. Cuestiónate a ti mismo acerca de tu percepción cuando alguien te cita a una hora específica y arriba 15-20 minutos después. Inmediatamente sientes la necesidad de expresarle conscientemente tu deseo de reivindicar la importancia de tu tiempo. En realidad, se trata de un asunto relacionado con la autovaloración.

En cambio, en el caso de que estés invirtiendo una cantidad significativa de tiempo, es probable que carezcas de una motivación lo bastante sólida para administrar eficientemente tu tiempo. En el caso de que tu vida carezca de una finalidad concreta y relevante, no posees un motivo lo bastante sólido para perseguir una mejora en tus habilidades para la administración del tiempo. En ocasiones es posible experimentar un sentimiento de motivación, sin embargo esta motivación efímera no perdurará como incentivo para lograr mejoras.

Si indicas previamente el lugar de destino al que te diriges antes de iniciar, lograrás aprovechar de manera óptima tu tiempo. La capacidad de ser preciso no es otra cosa que la habilidad de establecer objetivos claramente. En ausencia de objetivos, es posible desviarse fácilmente y desperdiciar el tiempo.

La Técnica Del Enfoque Del "Queso Suizo"

Este método resultará altamente provechoso para aquellos que se encuentren dando sus primeros pasos en el ámbito de la gestión del tiempo. Este es un enfoque ampliamente utilizado que ha demostrado ser efectivo en la vida personal de muchas personas, generando cambios significativos en su perspectiva sobre la gestión del tiempo. Recibe dicho nombre debido a su enfoque en la gestión de tareas utilizando una metáfora alusiva a un bloque de queso, en el cual se realizan "perforaciones" o "espacios vacíos".

Permíteme ofrecerte una explicación más detallada: Imagina que te enfrentas a una tarea de considerable complejidad y extensión, la cual ha sido motivo de indecisión y procrastinación debido a su naturaleza, provocando la pérdida de tiempo. Le sugiero realizar lo siguiente: descomponga la tarea en componentes más reducidos y anote el tiempo estimado necesario para completar cada sub-tarea. Encuentre una tarea que pueda ser llevada a cabo en un lapso de 5 minutos y procédala a realizar. Haz solamente eso. Y en cada ocasión en la cual dispongas de algunos momentos de tiempo disponible, procura identificar una nueva labor que puedas llevar a cabo durante ese lapso y ejecútala.

Aunque inicialmente pueda parecer poco convincente al leerlo, le aseguro que si se pone en práctica, se sorprenderá de la cantidad de actividades productivas que puede realizar durante esos momentos de inactividad diarios. Imagínese si se encontrara usted en la posición de un autor, produciendo únicamente una página de un libro al día; al finalizar un año, se vería con una obra de aproximadamente 365 páginas.

Los sistemas de administración del tiempo resultan sumamente atractivos, ya que cautivan mediante la promesa de lograr una mayor eficacia, un incremento en el tiempo de ocio, una generación de ingresos más ágil y un fortalecimiento de la autovaloración. Además, se pueden considerar algunos de esos beneficios ya materializados. No obstante, cabe considerar otra alternativa, la cual radica en que el sistema pueda convertirse en una fuente de distracción que obstruya la consecución de avances tangibles. Es posible que te encuentres dedicando cada vez más tiempo a actividades más avanzadas, tales como desarrollar habilidades de organización, establecer prioridades y mantenerte al día con las últimas técnicas de productividad.

Este aspecto podría resultar desafiante para aquellos individuos que aún no han discernido un propósito existencial. El sistema da la apariencia de ser productivo, sin embargo, cuando se le descuida o ignora, se convierte en un obstáculo, ya que no se le otorga el valor que realmente posee. En caso de que te encuentres en esta situación, es probable que hayas desviado la atención del objetivo central en la administración del tiempo.

Si lo que deseas es obtener una descripción precisa de la gestión del tiempo, podríamos afirmar que consiste en identificar las tareas que se deben realizar y ejecutarlas de manera oportuna.

Al examinar el asunto con detenimiento, da la impresión de ser una tarea que incluso los menores podrían llevar a cabo; no obstante, al adoptar una perspectiva centrada en la optimización, su complejidad se torna considerablemente mayor. Con el fin de maximizar la eficiencia en el uso de tu tiempo, es fundamental priorizar la determinación del enfoque óptimo para llevar a cabo cada etapa necesaria para la realización de tus tareas y, de esta manera, alcanzar tus metas. Te percatarás de que ciertas combinaciones en la toma de decisiones generan resultados más favorables que otras. Por tanto, planteamos la siguiente interrogante: ¿Cuál sería la acción óptima que podrías emprender en este momento y cuál sería la modalidad más eficiente para llevarla a cabo?

Al conseguir responder a esta interrogante, también lograrás alcanzar el propósito esencial de tu sistema de gestión del tiempo. Indudablemente, experimentarás ventajas al establecer una estructura para ti mismo, tales como la disminución del estrés. Sin embargo, lo que es aún más relevante es que al hacerlo, estarás contribuyendo al proceso de toma de decisiones, al ahora tener la capacidad de responder a la pregunta esencial: ¿Cuál será mi curso de acción y de qué manera lo llevaré a cabo?

Tal vez, la cuestión que surge con respecto a la administración del tiempo es: ¿de qué manera llevar a cabo las tareas? Si eres un empleado encargado de tareas delegadas, responderás con prontitud; sin embargo, en tu caso particular, te interesa aplicar esto a tu equipo de trabajo, cuyos miembros gozan de amplia autonomía en la selección de sus tareas, lo cual implica que la situación se desenvuelve de manera distinta. En este contexto se sostiene un principio orientador: si optas por ejecutar las acciones de manera incorrecta, no importa el grado de competencia con el que las lleves a cabo.

El Valor De La Asignación De Responsabilidades

Una estrategia mediante la cual muchas personas pueden incrementar su productividad y, por consiguiente, perfeccionar su aptitud general para gestionar el tiempo, es adquiriendo la capacidad de encomendar tareas a terceros.

Tanto en el ámbito personal como en el laboral, "ningún individuo es autosuficiente o aislado".

Cuando se enfrentan con limitaciones de tiempo y plazos cercanos, no son las personas débiles sino las personas fuertes las que tienen la capacidad de delegar parte de la carga a terceros.

El hecho de que muchas personas enfrenten dificultades en la gestión del tiempo se debe principalmente a la acumulación excesiva de responsabilidades. En el ámbito personal puede resultar desafiante manifestar negativas, mientras que en el entorno laboral esta tarea puede tornarse completamente inviable. Un dirigente o supervisor furioso, es una situación que a nadie le gustaría enfrentar.

En caso de encontrarse en una situación de crisis de la cual pueda ser difícil salir, este puede ser el momento en el que resulte necesario solicitar asistencia adicional.

Es imperativo que en el ámbito laboral se implemente una mentalidad de colaboración en proyectos de gran escala y desafiantes, en la medida de lo posible. A pesar de que algunos individuos puedan experimentar dificultades en confiar en otros para asumir su cuota de responsabilidad, adquirir habilidades de delegación se perfila como un paso crucial para optimizar el uso eficiente del tiempo.

Evalúe sus habilidades y determine qué aspectos del proyecto se ajustan más adecuadamente a su nivel de competencia y capacidad creativa. Delegue labores menos extensas, tales como la realización de copias o la investigación, a terceros. Esta situación permite que usted disponga de más tiempo y energía para enfocarse en los aspectos de mayor importancia del trabajo.

En el hogar, es posible transferir las responsabilidades a otros integrantes del núcleo familiar. Incluso el infante más joven tiene la capacidad de adquirir conocimientos para llevar a cabo ciertas labores de hogar, tales como recoger sus juguetes o acomodar toallas en una repisa.

Mediante la solicitud de la participación de los niños en las responsabilidades domésticas, también se les inculca el sentido de responsabilidad y se les brinda una preparación para la vida adulta.

Considerar el tiempo como un recurso limitado

Cuando se concibe el tiempo como un recurso finito, suele ser más sencillo comprender la relevancia de gestionarlo de manera prudente. Al igual que sucede con cualquier recurso, se establece una correlación directa entre la oferta y la demanda de dicho recurso.

En circunstancias en las que se dispone de un exceso de tiempo, resulta más propenso a ser malgastado. Asimismo, en situaciones de escasez de un recurso, como en este caso el tiempo, resulta imprescindible gestionar de forma óptima incluso la mínima cantidad del mismo.

Iniciar el eficiente manejo del tiempo típicamente implica un cambio de enfoque en relación al uso del mismo. Cada jornada ofrece un número limitado de horas, minutos y segundos para alcanzar objetivos y concluir labores.

En el contexto de un plazo establecido, cada minuto u hora se valora como un recurso potencialmente aprovechable en su totalidad, con el objetivo concreto de lograr un resultado determinado. El recurso no tiene capacidad de ser regenerado. Cada instante o periodo de tiempo que se utiliza constituye una fracción de un recurso que no será renovado.

En situaciones donde se presente una falta de algún recurso, resulta fundamental llevar a cabo una supervisión meticulosa de sus aplicaciones. Tener en cuenta la respuesta a la escasez de agua. Algunas actividades son excluidas de su ejecución, como por ejemplo el riego de las plantas, siempre y cuando exista una condición de flujo vigente.

Las actividades de alcance restringido maximizan la utilización de los recursos disponibles. Aquel que se embarque en un programa de gestión del tiempo debe adquirir la habilidad de reconocer las maneras en las que se desperdicia ni siquiera un pequeño lapso temporal, y al mismo tiempo debe vigilar atentamente su propio suministro limitado de este valioso recurso.

Estrategias de clasificación para alumnos de nivel secundario
La capacidad de otorgar prioridad se presenta como un atributo fundamental para todo estudiante de educación secundaria, en tanto que les faculta para administrar de forma eficiente su tiempo y lograr sus metas tanto académicas como personales. No obstante, resulta frecuentemente un desafío para los estudiantes de educación secundaria establecer las prioridades de sus tareas,

en virtud de la abrumadora carga académica y las múltiples responsabilidades que afrontan. Los métodos de priorización son recursos que pueden asistir a los estudiantes en discernir cuáles son las actividades más trascendentales y en establecer un orden de prioridades de forma eficiente. Algunas técnicas de priorización ampliamente utilizadas por estudiantes de secundaria son el método "ABC", el método "Pomodoro" y el método "FIFO". Adquirir habilidades en el uso de métodos de priorización puede favorecer a los alumnos en la optimización de su administración del tiempo y en la consecución de sus metas académicas y personales.

Método "ABC": El método "ABC" es una técnica de priorización que se fundamenta en la clasificación de las tareas en tres categorías diferentes: A, B y C. Los deberes de la categoría A revisten de suma importancia y requieren ser concluidos con prontitud. Las tareas pertenecientes a la categoría B ostentan una menor importancia, no obstante, su diligencia debe ser atendida en algún momento. Las actividades pertenecientes a la categoría C revisten menor relevancia y, por ende, son susceptibles de ser postergadas o, incluso, suprimidas. Esta estrategia resulta beneficioso para asistir a los estudiantes en la identificación de las tareas de mayor relevancia, y en su capacidad para establecer prioridades de manera eficiente.

Aquí tienes un procedimiento detallado para llevar a cabo la técnica de clasificación "ABC":

Elabora un inventario de deberes: El primer paso de la metodología "ABC" consiste en confeccionar un detallado inventario de todas las tareas que debes concluir. Puedes emplear una aplicación de administración de tareas o un sustrato de escritura y útiles de escritura para confeccionar este inventario. Asegúrese de incorporar tanto tareas de gran magnitud como de menor envergadura, así como abarcar una diversidad de tareas académicas y personales.

Organice sus tareas: Una vez que haya elaborado su lista de tareas, es el momento de categorizarlas en las tres clasificaciones "ABC":

Categoría A: Las tareas de la categoría A revisten una alta prioridad y deben ser ejecutadas con prontitud. Estas tareas pueden consistir en actividades que requieren ser completadas dentro de un plazo cercano, o actividades que son fundamentales para lograr tus metas a largo plazo.

Clasificación B: las tareas que se incluyen en la clasificación B son de menor importancia, aunque aún deben completarse en algún momento. Estas tareas podrían referirse a actividades que carecen de un plazo inmediato o que no resultan fundamentales para lograr tus metas a largo plazo, aunque aún así deseas finalizar.

Categoría C: Las tareas correspondientes a esta categoría son de menor relevancia y se pueden postergar o suprimir. Las tareas en cuestión pueden no ser fundamentales tanto para el logro de tus metas a corto plazo como a largo plazo.

Cumple con tus responsabilidades: Una vez que has organizado tus obligaciones en las tres categorías "ABC", es momento de iniciar su ejecución. Inicie por las tareas pertenecientes a la categoría A y posteriormente aborde las tareas correspondientes a las categorías B y C. Se le solicita amablemente que priorice la finalización de las tareas de la categoría A, dado que revisten una mayor importancia. Si dispones de tiempo, es posible posponer la realización de las tareas clasificadas dentro de la categoría B y C.

Técnica "Pomodoro": El método "Pomodoro" se fundamenta en la priorización y consiste en trabajar en intervalos de tiempo breves (de 25 minutos) seguidos de pausas cortas (de 5 minutos). Esta técnica resulta beneficiosa para asistir a los estudiantes en el mantenimiento de su enfoque y en la gestión eficaz de su tiempo.

A continuación, se presenta un procedimiento detallado para llevar a cabo el método "Pomodoro":

Seleccione una tarea: El primer paso para hacer uso del método "Pomodoro" es seleccionar una tarea que desee completar. Asegúrate de que la tarea sea precisa y detallada, de modo que tengas un entendimiento exacto de lo que se requiere.

Configure un cronómetro: El enfoque del método "Pomodoro" consiste en trabajar en intervalos de tiempo breves (25 minutos), seguidos de pausas cortas (5 minutos). Usted puede emplear un cronómetro físico o una aplicación para gestionar y registrar el tiempo de manera precisa.

Emplea un período de 25 minutos para la ejecución de tu labor: Una vez que hayas configurado el temporizador, inicia la dedicación a tu tarea durante un lapso de 25 minutos. Procure mantenerse concentrado y enfocado en su labor durante este período.

Tómate un breve descanso de 5 minutos: Una vez que el temporizador haya expirado, indica que el "pomodoro" (el intervalo de 25 minutos) ha concluido. En este momento, se implora tomar un breve receso de 5 minutos. Puede realizar cualquier actividad que le permita recuperar energías, como disfrutar de una infusión de té o realizar ejercicio físico.

Reitera el procedimiento: Luego de concluir tu pausa de 5 minutos, te solicitamos reajustar el temporizador y dar comienzo a otro ciclo laboral de 25 minutos, conocido como 'pomodoro'. Continúa repitiendo este procedimiento hasta que hayas finalizado tu labor.

Toma un receso prolongado: Después de finalizar cuatro ciclos de trabajo de 25 minutos, conocidos como "pomodoros" (equivalentes a 100 minutos), es apropiado tomar un receso de mayor duración, que deberá ser de entre 20 y 30 minutos. Puede realizar cualquier actividad que le permita recuperar energía y desconectarse, tales como dar un paseo o hacer actividad física.

"Método de Priorización SMART": El método de Priorización SMART es una estrategia que se sustenta en la definición de metas específicas, medibles, alcanzables, relevantes y con límite de tiempo, con el propósito de asistir a los estudiantes en la priorización de sus tareas y en la consecución de sus objetivos.

"Presentamos a continuación una guía detallada para llevar a cabo el enfoque conocido como 'SMART':

Redacte su objetivo: El primer paso para aplicar el método "SMART" consiste en redactar de forma concisa y precisa su objetivo. Asegúrese de que su objetivo sea adecuadamente ambicioso, no obstante, igualmente realista y factible.

Incorpora pormenores: Luego de haber redactado tu objetivo, llega el momento de incorporar detalles que lo hagan más específico. Emplea el acrónimo "SMART" como referencia para garantizar que tu objetivo satisfaga todos los criterios:

Preciso: Tu cometido debe ser lo bastante preciso como para tener pleno conocimiento de qué acciones tomar y cómo llevarlas a cabo.

Medible: Es importante establecer un objetivo que pueda ser cuantificado con el fin de evaluar tu avance y determinar cuándo se ha logrado.

Realizable: Tu objetivo debe ser realizable para poder alcanzarlo mediante esfuerzo y dedicación.

Alternativa sugerida: Practicidad: su objetivo debe alinearse con la practicidad de sus habilidades, recursos y tiempo disponible.

Debido a que el tiempo es limitado, resulta crucial establecer un plazo preciso para tu objetivo, de modo que siempre tengas presentes los plazos a los que debes aspirar.

Desglosa tu objetivo en etapas más concretas: Una vez que hayas incorporado detalles a tu objetivo, es oportuno fragmentarlo en pasos más reducidos y viables. Esta metodología te facultará una mayor capacidad de visualización en cuanto a la consecución de tus objetivos, generándote una percepción palpable de avance.

Elabora un plan estratégico: Una vez que has desglosado tu objetivo en tareas más manejables, es momento de crear un plan detallado que te ayude a alcanzarlo. Redacte un inventario de actividades y asigne un lapso de tiempo correspondiente a cada una de ellas.

Continúa siguiendo tu plan y analiza tu avance: Una vez que hayas establecido tu plan de acción, es el momento de proceder a su implementación. Emplea tu esfuerzo en cada una de las tareas de tu enumeración y garantiza el acatamiento de los plazos que has fijado. No desfallezcas si una tarea experimenta demoras o si encuentras obstáculos en tu camino. Modifica tu plan de acción según corresponda y continúa trabajando en pos de tu objetivo.

Durante el desarrollo de tu plan de acción, resulta crucial efectuar una evaluación periódica de tus avances. Emplea instrumentos tales como gráficas de barras o tablas con el fin de evaluar tu avance y observar tu progreso hacia la meta establecida. Esta guía te permitirá mantener altos los niveles de motivación y adaptar tu estrategia a medida que sea requerido.

¿Cuál es la población de tiburones en la mente de las personas?

En otras palabras, expresarán algo como "Nos encontramos sorprendidos por la frecuente aparición de tiburones". No obstante, cabe destacar que la presencia de un tiburón ocurre únicamente cada década. Para aquellos individuos, el escenario se presenta como si los ataques de tiburones sucedieran de manera cotidiana, lo cual implica que debo mantenerme precavido y alerta, experimentando un constante sentimiento de temor y vigilancia. ¿Eso qué significa?

Las noticias operan de manera idéntica. Nos están presentando una perspectiva altamente limitada de la realidad, ya que en la vida ocurren desastres y eventos desafortunados que deseamos evitar. No obstante, las noticias están dirigidas a ese reducido porcentaje, según mi criterio. Le garantizo que, en adición a ese uno por ciento, existen un millón de circunstancias positivas que acontecen, se están edificando, aportando valor y generando efectos beneficiosos. No obstante, los noticieros no darán cobertura a dichos acontecimientos.

A continuación, me gustaría hacer una breve digresión para comentarte que la gran mayoría de individuos comienza su jornada informándose a través de los medios de comunicación. Considere cuán profundamente afecta esto al inconsciente, e incluso subconscientemente, a la mente de cada individuo.

Esto genera una percepción negativa, por lo tanto, si sueles informarte a través de las noticias matutinas, no te instaré a dejar de hacerlo, ya que entiendo que eso puede ser relevante para ti. Para ilustrar, hasta ahora no he conseguido persuadir a mis padres de abstenerse de informarse por medios noticiosos, ya que esto reviste una significancia trascendental para ellos. No obstante, sí me permito sugerirte que optes por retrasar esta actividad como primera acción matutina.

En lugar de eso, elige una opción más favorable; considera escuchar un audiolibro o leer algo edificante que verdaderamente contribuya a tu desarrollo, incluso si solo puedes dedicarle cinco minutos, no importa. Insta a tu mente a direccionarse hacia las posibilidades, hacia lo alcanzable y lo positivo, hacia lo que tú estás capacitado para construir en lugar de enfocarse en las deficiencias del mundo. El incidente que ocurrió, involucrando el robo y otras circunstancias, todo lo que se reporta en los medios de comunicación. En términos simples, es de vital importancia que puedas acceder a tu mente.

A continuación, es imprescindible que prestes atención a tu bienestar físico. Por lo general, si deseamos comenzar desde una escala más reducida, lo que conviene hacer es sencillamente realizar ejercicios de estiramiento corporal. Realizar esta actividad no requerirá más de cinco minutos de nuestro tiempo, es crucial estirar nuestro cuerpo ya que brinda equilibrio y estructura a varios de nuestros músculos. Incluso si no nos ejercitamos o si planeamos posponer el ejercicio, es recomendable comenzar con estiramientos. Estiremos distintos grupos musculares, incluyendo la parte superior del cuerpo, brazos, manos, pies y piernas.

Procede a realizar una elongación completa de tu cuerpo, una actividad que únicamente te llevará cinco minutos.

Posteriormente, el componente emocional se torna igualmente fundamental. Muchas personas ponen, por ejemplo, una música positiva, que los inspire, que los haga sacar las mejores emociones para sentirse motivado, para sentirse enérgicos, para sentirse con pasión, y con ganas para tener un día extremadamente interesante y extremadamente productivo.

El componente espiritual reviste una gran trascendencia asimismo. Es posible que algunos posean una creencia religiosa, y es posible que otros no, no obstante, es probable que estemos todos de acuerdo en la relevancia de nuestra dimensión espiritual. Sin importar tus convicciones, resulta imperativo que integres una porción de las mismas en tu rutina o ritual matutino.

Si uno profesa una religión en particular, es apropiado decir: "Voy a recitar unos pasajes de las escrituras", en caso de que se siga una religión que tenga en las escrituras su principal fuente de sabiduría y guía en el transcurso de la práctica religiosa. Por lo tanto, lea algunos versículos de la Biblia o tal vez ore, pronuncie una súplica o participe en cualquier práctica religiosa significativa.

Soy consciente de varios individuos cercanos a mí que, gracias a nuestras experiencias compartidas, han adoptado este hábito matutino. Por ejemplo, dedican dos minutos a realizar oraciones y solicitar la benevolencia divina hacia otros individuos y su bienestar. Esto reviste asimismo una gran importancia. En caso de que poseas una creencia espiritual diferente, carece de relevancia, ya que tienes la libertad de practicar algo similar a lo que yo hago, como la meditación.

La práctica de la meditación implica diversas facetas de nuestro ser, especialmente el componente espiritual y cognitivo. En términos simples, establecemos conexión con nuestra esencia interior, con nuestra conexión divina o como lo deseemos llamar: ya sea universo, ser supremo, ente creador, entre otros ejemplos.

En resumidas cuentas, nuestra atención se dirige a un intervalo específico destinado a dedicar tiempo a este aspecto de suma importancia. Por lo tanto, resulta de vital importancia que elabores con precisión qué rutina matutina vas a establecer, ya que es fundamental que tomes acción. Independientemente de su tamaño, es crucial asignar tiempo diario a cada área.

Por ejemplo, si tu deseo fuera comenzar con un tiempo mínimo de 10 minutos, puedes considerar la siguiente alternativa:

Es factible que te otorgues la posibilidad de adquirir un libro de tu preferencia, y con el objetivo de satisfacer las necesidades intelectuales, te dediques a leer dos páginas diariamente. Dos hojas de texto no requieren más de 5 minutos. L

Te invito a efectuar un acto de cuidado para tu cuerpo mediante la realización de estiramientos, los cuales consisten en elongar los brazos, las piernas y la espalda. Para atender a tu bienestar emocional, podrías seleccionar una melodía que te impulse, que te infunda inspiración y te envuelva en emociones positivas.

Por último, en lo que respecta a tu bienestar espiritual, tienes la opción de dedicar unos breves minutos a la meditación centrada en tus objetivos, concretamente entre tres y cinco minutos. Esto es muy apropiado, llevar a cabo la oración en silencio y, durante esos mismos minutos, dedicar tiempo a la lectura de un versículo bíblico u otra práctica que favorezca la conexión con tu dimensión espiritual. Le aseguro que esos diez minutos dedicados serán sumamente cautivadores.

Estoy mencionando estos 10 minutos específicamente porque podría surgir la eventualidad de que tú expreses: "¡Vaya, Julián! No tengo la capacidad de dedicar una hora entera de mi día o de levantarme una hora más temprano debido a limitaciones personales". Por ende, la única solicitud que te hago es que dediques al menos diez minutos. En tal caso, si tienes la capacidad y la disposición, lo cual sería altamente beneficioso, de dedicar una hora, puedes proceder a elaborar un ritual más sofisticado y avanzado, incorporando diversos elementos a tu vida. De hecho, permíteme compartir contigo mi rutina matutina.

Como yo te dije, dos cosas, nuestro día inicia nuestra noche anterior. Una jornada magnífica comienza la víspera y, por mi parte, me caracterizo por mi enfoque estructurado. De hecho, te resultaría sorprendente presenciar mis rituales meticulosamente planificados, dado que pongo sumo cuidado en cada detalle y constantemente perfecciono los procesos que gobiernan dichas rutinas.

En realidad, poseo un documento que, en un momento posterior, me gustaría presentarte como una herramienta para tomar notas y planificar nuestras tareas. Poseo procedimientos y prácticas establecidas de forma precisa y minuciosa, tal como serás capaz de percibir.

Mi rutina matutina comienza la noche anterior, y es un procedimiento que sigo diariamente para asegurarme de contar con todo lo necesario y estar preparado para realizar mi rutina matutina de manera óptima.

Comienzo colocando mi recipiente con agua sobre la encimera de la cocina, que se encuentra en proximidad a mi aparato de ejercicio, del cual te informaré más adelante. ¿Por qué? Debido a mi hábito matutino de consumir medio litro de agua, un acto de suma importancia se lleva a cabo. Durante el periodo de sueño, nuestro organismo consume agua de manera constante, ya que es el recurso necesario para regenerar nuestras células, revitalizar nuestro cerebro y mantener un proceso de rejuvenecimiento. Posteriormente, coloco lo que se conoce como un Five Minute Journal previamente preparado, colocado sobre la superficie de trabajo y con la fecha ya escrita. Cuál es la definición de un diario Five Minute Journal?

Es algo que aprendí de uno de mis mentores que se llama... Él dice que es muy importante que tú tengas un registro de las cosas positivas que tú quieres lograr en el día y lo que sucede en el día.

Por lo tanto, dedico cinco minutos diarios a completar un diario. ¿Qué es un journal? Un periódico no se trata meramente de un diario; sin embargo, dista de ser el convencional diario de un adolescente de 15 años con el inicio de "Querido diario, hoy...". Por las mañanas, me planteo tres interrogantes sumamente concretos, mientras que por las noches, reflexiono acerca de cuatro cuestiones altamente específicas, las cuales, si lo deseas, podrías anotar.

Dispongo de un cuaderno dedicado exclusivamente a dicho propósito, el cual habitúo a dejar adyacente a mi botella de agua. Este cuaderno consta de 3 interrogantes:

¿Cuáles son las tres atribuciones por las cuales manifiesto gratitud hoy en día? A continuación, enumero tres aspectos que generan mi agradecimiento.

Tras ello, me planteo la siguiente interrogante: ¿Cuáles acontecimientos de importancia están previstos para el día de hoy? Redactaré tres pronósticos que involucran mi persona y asumo el compromiso de materializar dichos escenarios.

Después, redacto una afirmación positiva con respecto a mi persona. Redacto la expresión "Soy..." seguida de una declaración autoafirmativa positiva.

"A continuación, procederé a presentar algunos ejemplos".

Por lo tanto, coloco dicho periódico junto a mi botella de agua, y dejo tanto el esfero, que es un bolígrafo, como el lápiz. No lo mantengo clausurado, sino desbloqueado, debido a que este pequeño detalle crea cierta tensión. Si ya he previamente completado el diario de 5 minutos, es decir, ya he anotado tres cosas por las cuales me siento agradecido y los distintos aspectos, únicamente tengo que llegar y redactarlo, y eso sería todo. Si el bolígrafo ha sido previamente preparado, entonces yo simplemente procedo a rellenarlo sin ningún contratiempo.

Posteriormente, deposito mi dispositivo móvil provisto del archivo de audio que deseo examinar, en la instancia en que deseo dar inicio al estudio mediante la conexión de los auriculares. Ya está todo listo. En un futuro, te informaré detalladamente sobre esta cuestión. Es posible que ya estés al tanto, pero en caso de que no lo estés, me gustaría mencionar que no poseo un dispositivo móvil inteligente desde hace varios años. Próximamente, compartiré contigo las motivaciones y razones detrás de esta elección.

Además, me aseguro de tener la máquina de ejercicios disponible y mis zapatillas de deporte listas, así como un conjunto de ropa adecuada para la ocasión, que varía según las condiciones climáticas, ya sea frío o calor.

Me despertaré generalmente a las 4:30 o 5 de la mañana, dependiendo de diversas variables. Durante este tiempo, visto con un conjunto compuesto por pantalón y camisa, o simplemente con un atuendo deportivo que consta de pantalón y camisa, junto con unos zapatos deportivos confortables adecuados para la actividad física. En mi sala de estar, dispongo de un aparato de entrenamiento que me permite realizar tanto ejercicios cardiovasculares como de fortalecimiento muscular.

Coloco mi vestuario pendiente en el cuarto de baño, mi indumentaria posterior al ejercicio y, a continuación, posiciono un temporizador sobre el asiento de la sala. Esto se debe a que dedico cinco minutos a la meditación y utilizo ese temporizador como una herramienta para mantener el control del tiempo. Todos estos eventos tienen lugar durante la noche.

A continuación, durante el transcurso del día, ¿qué sucede?

Mi rutina habitual comienza con una visita al baño donde procedo a realizar el aseo personal correspondiente, incluyendo el cepillado dental, y realizar las necesidades fisiológicas características a esta actividad. Después de eso, coloco los auriculares y comienzo a reproducir el audio mientras bebo agua.

Pongo atención al contenido auditivo, el cual corresponde a un curso provechoso que está contribuyendo a mi desarrollo personal y me llevo provechosas enseñanzas. A medida que lo escucho, ingiero agua hasta que mi botella se vacía. Resido en Bogotá, en un décimo piso, desde donde puedo disfrutar de una magnífica panorámica de la ciudad. En este momento, la mañana aún no ha despuntado y el ambiente está oscuro, sin embargo, se vislumbran todas las luces urbanas, lo cual me resulta sumamente inspirador.

Después de dicho momento, detengo la reproducción de audio y, posteriormente, dedico un lapso de 3 minutos, como es habitual, a completar el Five Minute Journal. Me pregunto: "¿Cuáles son las tres cosas por las que siento gratitud en el día de hoy?" Cuáles serán las tres acciones que emprenderé hoy? Asimismo, me gustaría generar una afirmación positiva acerca de mi persona, como por ejemplo: "Soy una persona excepcional, sobresalgo en todo lo que hago, soy plenamente consciente de mis capacidades". Esto contribuirá a fortalecer una imagen positiva de mí mismo.

Posteriormente, procedo a vestirme con la vestimenta adecuada para realizar actividades físicas, y lleva a cabo un estiramiento consciente de los músculos durante un periodo de 10 minutos.

Realizo actividad física de tipo cardiovascular durante un periodo de 15 minutos, seguida de una rutina de ejercicios de fortalecimiento muscular que abarca un lapso de 10 minutos. La actividad muscular no se lleva a cabo diariamente, pues existen ocasiones en las que permito que los músculos descansen, ya que esto también forma parte del proceso intrínseco necesario para el desarrollo y el bienestar muscular. A continuación, dedico otros 10 minutos a estirar y posteriormente me dispongo a meditar durante 5 minutos. La práctica de meditación en la que me involucro se denomina

"Meditación Consciente" y es una actividad de gran simplicidad.

Te sientas con los ojos cerrados, simplemente te vas a dedicar a contar tu respiración. Cuando experimentes que tu atención se desvía hacia otras cosas, simplemente permite que esos pensamientos pasen y vuelve a centrarte en contar tu respiración. Esta es la única acción que se requiere. En caso de que alguna vez hayas practicado la meditación, seguro eres consciente de lo desafiante que resulta centrar la atención durante cinco minutos, respirando y evitando que otros pensamientos se interpongan en la mente. Es una tarea verdaderamente ardua. Y si aún no has experimentado la meditación, te aseguro que comprenderás a lo que me refiero una vez que lo intentes.

Posteriormente, procedo a tomar una ducha, alternando entre duchas de agua caliente y duchas de agua fría en diferentes ocasiones, lo cual constituye un aspecto personal que me ha presentado cierto desafío. A mi cónyuge le complace realizar baños con agua fría debido a los beneficios que conlleva para la piel, la circulación y otros aspectos. Personalmente, me resulta sumamente desafiante, ya que toda mi vida me he acostumbrado a ducharme con agua caliente. Por ende, en ocasiones, opto por alternar entre ambas temperaturas.

En ocasiones, opto por tomar una ducha con agua caliente, mientras que en otras ocasiones prefiero hacerlo con agua fría. Posteriormente, procedo a extraer una bolsa conteniendo un batido verde del congelador, para luego añadir agua y preparar cuatro porciones de dicho batido.

Se trata de una cuestión de índole personal que deseo compartir contigo. Constituye un aspecto sumamente relevante: el alimento óptimo y de mayor importancia en tu jornada es aquel que ingieres en primer lugar al despertar. Por ende, personalmente me cercioro de suministrar a mi organismo una cantidad abundante de nutrientes, vitaminas, minerales y otros componentes energizantes, con el fin de asegurarme de que mi mañana transcurra de la mejor manera posible.

Elaboro una mezcla utilizando diversos elementos, la cual contiene una abundancia de verduras, incluyendo el brócoli. Además, posee otros ingredientes que eventualmente podría compartir contigo.

Elaboro cuatro porciones, ¿me podría indicar el motivo? Debido a que me dispongo a preparar uno para mí y otro para mi esposa, asimismo dejo preparados dos para consumo vespertino, los cuales coloco en la refrigeradora. Cuando llega la tarde, seleccionamos uno de estos batidos como nuestra merienda.

Lo increíble de este batido es que no solo te llena, porque de hecho es líquido, y tu cuerpo lo absorbe muy rápido; seguramente, tú sabrás que si tú te tomas algo líquido y no le pones nada que sea sólido, tu cuerpo lo procesa mucho más rápido y lo manda hacia todo el sistema sanguíneo muchísimo más rápido. Por lo tanto, las vitaminas contenidas en esa sustancia se disuelven de manera considerablemente más rápida, lo cual proporciona una experiencia de energía prácticamente inmediata, en un lapso de tiempo reducido. Posteriormente, poseo el batido y me dirijo hacia este balcón.

Resido en un apartamento situado en el décimo piso de un edificio, en este momento me encuentro frente a esta escena y disfruto de una vista excepcional de Bogotá. En ese instante, ya habrá despuntado el sol, y según las condiciones del día, no logro vislumbrar el fenómeno del amanecer en su totalidad, aunque sí percibo los matices del cielo matutino. Debo confesar que resulta fascinante e increíblemente inspirador para mí. Posteriormente, una acción que llevo a cabo consiste en el desvío frontal. Es análogo a finalizar mi rutina organizativa, donde separo mi vestimenta, incluyendo mi pijama o cualquier prenda que me haya quitado al colocarme la ropa de ejercicio. Después, trasladando mi temporizador a mi oficina, establezco un lapso de 55 minutos, pues así constituye mi método de trabajo, en franjas de tiempo de 55 minutos.

Deseo ofrecerte esta información con el fin de proporcionarte un punto de referencia sobre cómo opera una de estas rutinas matutinas, así como para brindarte algunas ideas que puedas considerar. Si hay algo que te atrae y te gustaría probar, te animo a que lo incorpores en tu vida personal. No obstante, las necesidades, gustos y preferencias que posees son propias de ti. No puedo afirmar que tengas que tomar alguna acción en particular; sin embargo, es fundamental que te ocupes de tu mente, de tu cuerpo y de tus emociones espirituales, enfocándote en nutrir y fomentar esos aspectos emocionales.

Este es el primer ejercicio que realizaremos, consiste en diseñar tu rutina matutina. Describe con un nivel máximo de detalle y precisión.

El modelo de control

Es esencial considerar qué queremos controlar y qué podemos controlar. Muchas personas invierten mucho tiempo en querer controlar cosas que escapan a su alcance, como los cambios en la bolsa, buscando que las situaciones se desarrollen según sus deseos, pero esto implica numerosas variables.

Solo puedes controlar tus estados de ánimo. Requiere dedicación, disciplina y compromiso, pero en 1, 3 o 6 meses tendrás un impacto positivo enorme en tu vida y logros.

Muchos gastan tiempo en lo superfluo, dejando de lado el desarrollo de sus habilidades y la expansión de sus actitudes.

The circle of life.

Utiliza esta herramienta para planificar y conectar lo que hemos visto hasta ahora.

Esta rueda te permite categorizar y mejorar tu vida. Estas categorías de mejora son las zonas de MAYOR IMPORTANCIA.

En ambos aspectos: personal y profesional.

Debes trazar una línea a través de la categoría, en el punto donde creas honestamente que te encuentras en términos de porcentaje.

Por ejemplo, cuando hice este ejercicio por primera vez, había áreas con porcentajes bajos, como mis finanzas al 30%. En los últimos dos años, aumenté esto en otro 50%.

Esta herramienta te brinda claridad para actuar en áreas importantes, establecer metas y lograr equilibrio medible.

Algunas personas temen hacer este ejercicio, ya que no desean confrontar su

nivel profesional y de satisfacción personal.
Financial success without fulfillment and personal satisfaction is failure.

Tony Robbins

www.ingramcontent.com/pod-product-compliance
Lightning Source LLC
Chambersburg PA
CBHW050237120526
44590CB00016B/2130